Masters

president,owner,director,boss,leader,captain......

マスターズ——日本経済の未来を創る経営者たち

地域をリードして、
日本の未来を創る経営者にフォーカス——

人材、通信、製造、教育、医療・福祉、士業、サービスなど、各分野で活躍する経営者の活躍を伝える。それが**月刊経営情報雑誌『MASTERS（マスターズ）』**の役割です。会社案内や、経営者同士の異業種交流のツールとしてご活用いただけます。

JN121719

2023.
April 4

【表紙解説】2023年2月7日、オーストラリア首相との記者会見に出席するため、同国を公式訪問したニュージーランドのクリス・ヒプキンス首相。

月刊マスターズ 2023年2月号
電子書籍版
【巻頭特集】
公正な社会の創出のために——
フェアトレードを知る

月刊マスターズ 2023年1月号
電子書籍版
【巻頭特集】
崩壊していく日常——
セルフ・ネグレクト

月刊マスターズ 2022年12月号
電子書籍版
【巻頭特集】
美容・健康・活力のために——
現代人こそたんぱく質の積極的摂取を

月刊マスターズ 2022年11月号
電子書籍版
【巻頭特集】
盛り上がりをみせる「推し活」
変遷するカルチャーの今とは

【マスターズ公式HP】　【電子書籍も販売中】

文化、芸能、スポーツ——各界の著名人がインタビュアーに！

©Mitshiro Mouri

#建設　#愛知

▌株式会社 GMトランス

対談記事を見る
（画像クリックで別ウィンドウ表示）

熟練の技と情熱で、理想の土地　活用をカタチにするプロ集団

代表取締役　蒲野 禎幸

熟練の技と情熱で、
理想の土地活用をカタチにするプロ集団

愛知県岡崎市を拠点に、造成工事を中心とした総合建設業を手掛けている『GMトランス』。技術力と経験、そして熱意で以て全力で顧客の希望に応えんとする仕事ぶりで、確たる信頼を得ている企業だ。そんな同社の蒲野社長のもとを、タレントの布川敏和氏が訪問。インタビューを行った。

事業者情報
愛知県岡崎市欠町石ケ崎下夕通5番地1
http://www.gmbook7.com/

異業種ネット
-PLUS-

SCAN ME

インタビュー記事をネットにカラー掲載。
専用広告枠で効果的にPRを行い、
ビジネスを加速させていく——

Masters

president, owner, director, boss, leader, captain......

マスターズ——日本経済の未来を創る経営者たち

「MASTERS（マスターズ）」は、
中小企業の経営者を中心に、
医療機関・福祉施設従事者、
法曹人、店舗オーナーなど、
各界の"マスター"たちを紹介する
月刊経営情報誌です。

著名人をゲストインタビュアーに据え、
全国の経営者のもとを訪ねる特別取材企画
『地域に生きる』をメイントピックに、
日本経済を支える
「企業」「匠」「医療」「介護・福祉」
「EXPERT'S」「教育」「社寺」「店」の今に迫ります。

健やかな日々を支える医療

病はいつ襲ってくるかわからない——だからこそ人は誰しも不安を抱えます。そうした人々にとって支えとなってくれるのが、医療人。信頼感をすべて受け止めて献身的な診療にあたっています。人々の健やかな毎日を願い、地域における命と健康を見守り続ける医療のスペシャリストたちに迫ります。

心に寄り添う介護・福祉

4人に1人が65歳以上という超高齢社会を迎える中、実情に即した対応が迫られる高齢者介護。同時に、依然として課題が山積している障害者福祉。こうした現代の日本にあって、高齢者、障害者たちが穏やかな日常を過ごせるよう力を尽くす人たちがいます。慈悲深い心で寄り添う介護・福祉事業所の人たちの声を届けます。

EXPERT'S EYE

家庭、職場、地域、学校……人々の生活は、様々なコミュニティとの関わりの上に成り立っています。ただ、その中では自らで解決・対処できない問題が生じることもある。そんな時、専門的な視点で現実を見つめ、選ぶべき道筋を指し示してくれるのが各分野に精通したエキスパートたち。その一人ひとりのポリシーに迫ります。

明日を照らす教育現場

人が人として生きていくために必要となる力。それを学び、育み、糧とするのが教育現場です。教育者が掲げる指導方針はそれぞれ異なりますが、生徒の明るい未来を願う気持ちに変わりはありません。信念・ポリシー・カリキュラムなどを伺い、教育者としての志にふれていきます。

社寺聴聞

政治・経済・社会情勢が目まぐるしく移り変わり、閉塞感が漂う現代社会。心の豊かさはなおざりにされてはいないでしょうか。そうした今という時代にあって、訪れるだけで心が和む拠り所——それが社寺仏閣です。地域の人たちの営みを見守り、真の豊かさとは何かを気づかせてくれる、神職・僧職の言葉を伝えます。

逸店探訪

独自のこだわりによって魅力を放ち、地域に彩りを添える飲食店、販売店、サロン——そんな逸店の素顔にふれます。訪れるのは、長年親しまれる老舗、連日賑わいを見せる人気店、知る人ぞ知る隠れた名店など、多種多様。人々を魅了してやまないそれぞれの魅力を探ります。

■ 特別企画：地域に生きる

雨水と共生する持続可能な未来へ

水道設備が整い水で苦労することがほぼない日本では、水資源の大切さを忘れがちになる。だが当然のことながら水も無限ではない。世界的に SDGs の取り組みが推進されている今、サステナブルな水資源として注目したいのが「雨水」だ。様々な可能性を持つ雨水の特性や利用を推進する取り組みについて知り、普段の生活に取り入れていくヒントにしていきたい。

☂ サステナブルな水資源 "雨水"

　水資源と聞くと、飲み水や炊事や洗濯に使う生活用水を思い浮かべる人が多いだろう。実は、世界の水資源取水量の約7割は農業水として利用されており、工業用水は2割、生活用水は1割程度に過ぎない。農業の過程で使用される水を考慮するなら、食料を輸入する際には農業水として使用された水も同時に輸入している、と考えることができる。この、輸出入を通じて水資源を国際的に取引しているとする概念が、ロンドン大学のアンソニー・アラン名誉教授が1990年代に提唱した「仮想水」というものだ。日本では多くの食料を輸入に頼っていることもあり、実はこの仮想水の輸入量は非常に大きい。見えないところで海外の水を利用しながら、自国での水資源にも恵ま

れている日本は、世界で最も水を贅沢に使用している国の1つだと言えそうだ。だからこそ、サステナブルな未来を実現するためにも、水のありがたみや有効な使用方法について改めて考えたいところ。「グリーンインフラ（自然環境が有する機能を社会における様々な課題解決に活用しようとする考え方）」の取り組みも浸透する昨今において、持続可能な水資源として注目したいのが「雨水」だ。

☂ 雨水を暮らしに──
　雨水サイダーでイメージ刷新

　雨の多い日本では、雨水と上手く付き合い役立てることが、快適な生活につながる。雨水を貯留する仕組みがあれば大量の降雨があっても河川の増水を抑制し、渇水になった際にはそこから水を供

給できる。大地震などでインフラが寸断された場合も、トイレなどに使えるだろう。さらに浄水設備が付いていれば、飲用や調理にも使用可能だ。雨水と聞くと汚いイメージがあるが、降り始めの雨には色々な不純物が含まれているものの、その後に降る雨は蒸留水に近いような水質だそうだ。とは言え、雨水の用途はトイレや散水に偏るなどまだまだ最大限に利用できているとは言えない。その中で雨水の有効利用研究を進めているのが、『福井工業大学』の笠井教授だ。

　「雨水サイダー」という、インパクトのある商品が発売されている。その名の通り雨水で作られたサイダーで、ラベルを見ると採水地に「福井工業大学構内」という文字が。このサイダーは笠井教授が考案し、大学の構内に降った雨を原料にして作られたものだ。すっきりした甘

い味と炭酸のさわやかなのどごしが気持ちの良い、美味しいサイダーに仕上がっている。教授は雨水を水資源として活用し、渇水や洪水の対策などにつなげる研究を続けており、その一環として同商品の開発に至ったという。

このプロジェクトではまず、雨水を集めることから始めた。雨の予報があると、研究室のメンバーで大学構内のウッドデッキにブルーシートを広げ、雨水を集める。その後、教授が考案した装置できれいな水だけを取り出し、さらにフィルターを通して紫外線で殺菌。こうすることで飲料水の基準をクリアし、食品衛生法に基づく49項目の検査にも合格した。この水を使用して、「雨水サイダー」が作られたのだ。飲むことで雨水の可能性をより身近に感じてもらうことが狙いで、教授は「一番ネックになっているのは雨水に対するマイナスイメージ。雨は水資源なんだと意識を変えていきたい」と話す。このプロジェクトのきっかけは、教授が雨水だけで暮らす長崎県の五島列島にある赤島を知ったことだったという。

☂ 雨水で生活する赤島

赤島は周囲およそ6キロ。2022年7月末の時点で住人はわずか8名で、水道も井戸もない。生活用水はタンクに貯めた雨水だけだ。風呂や洗濯にはそのまま利用できるが飲み水にするためには煮沸が必要。中には、わざわざ船で他の島まで飲料水を買いに行く住人もいる。「赤島の人々の水に対する感覚は、私たちとは全然違いました。水がなくなる恐れと常に隣り合わせで生活しているわけですから」と、教授は初めて島を訪れた際の印象を振り返る。赤島の人1人が1日に使用する水の量はわずか約60リットルで、東京都（同約210リットル）の30パーセントにも満たない。量だけでなく水質にも不安がある。この島の状況を知った教授は、雨水を効率よく貯めて浄化する仕組み作りに着手。研究パートナーや学生たちの協力も得ながら、島における雨水利用の給水システムを充実させていった。こうした実績の中で、工夫をすれば雨水は生活用水として使えるという、確かな手応えを掴んだという。これらの経験が、雨水サイダー作りにもつながった。

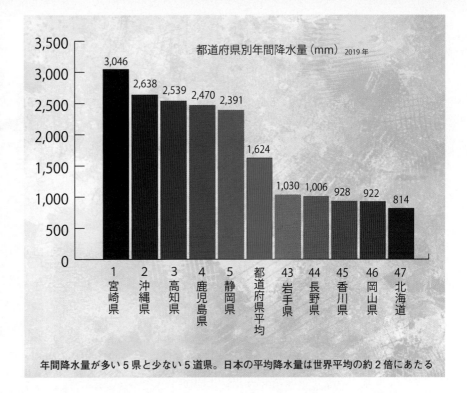

都道府県別年間降水量（mm）2019年

- 1 宮崎県 3,046
- 2 沖縄県 2,638
- 3 高知県 2,539
- 4 鹿児島県 2,470
- 5 静岡県 2,391
- 都道府県平均 1,624
- 43 岩手県 1,030
- 44 長野県 1,006
- 45 香川県 928
- 46 岡山県 922
- 47 北海道 814

年間降水量が多い5県と少ない5道県。日本の平均降水量は世界平均の約2倍にあたる

こうした雨水利用のノウハウには、企業も注目している。教授は東京の住宅建材メーカーの担当者と打ち合わせを行い、雨どいに貯まった雨水からきれいな雨水だけを効率よく集めるためのノウハウを提供することを約束。一般家庭で雨水を利用できれば、水道代の節約や、災害時の利用につながるとメーカー側も期待を高める。そうして「雨とともに暮らす家」として注目されているのが、『TOKAI』が提供する「GQハウス」だ。

☂ 雨とともに暮らす家

雨水を活用し、水を自給自足するのがGQハウスの特徴。雨水を効率よく集める屋根の傾斜などが計算されており、屋根からも庭からも敷地全体で雨水を収集する。12,000リットルの雨水を貯水できる大きなタンクを設置し、降水量が少ない月でも4人家族の生活に十分な水量を確保することが可能だ。そして貯められた雨水は高性能なろ過装置によってきれいな水へと浄化し、水道水と同等レベルの水が生成されて、住まいの隅々に届けられる仕組みだ。雨水によって生活水の自給自足を目指すモデルや、不足分は水道水で補完するモデルなど、ライフスタイルに合わせて複数のグレードを用意。雨水だけで暮らす一番上のモデルでは、水道使用料0円の暮らしも可能。災害に

よって水道が止まった時なども、自宅で普段と同様の暮らしを続けることができる。自然災害が多い日本において安全な暮らしを実現するとともに、SDGsにも貢献。また、近年では水道インフラが老朽化していることなどにより、コストが上がっていくことが予想される。こうした複数の問題を解決する、一歩進んだ住まいが個人でも選択肢に入り始めているのだ。また、地域単位でも雨水の利用について工夫を凝らしている例がある。

☂ 雨水利用の先進地、墨田区

東京都墨田区では、30年以上前から官民挙げて雨水の活用に取り組んでいる。特定非営利活動法人『雨水市民の会』が中心になっており、その取り組みは世界中から視察が来るほどだという。

墨田区は海抜0メートル以下の場所があちこちにあり、昔から豪雨や水害に悩まされてきた。そこで、浸水被害を防ぐために「街の中に小さなダムを」と造られたのが「雨水タンク」。ダムのように一時的に雨水を貯め緩やかに流すタンクを、地上のあちこちに造るというイメージだ。区の条例で大規模な建造物やマンションなどには雨水タンクの設置を義務付けており、両国国技館、墨田区役所などにも大規模なものが設置されている。現在、区内には大小合わせて700以上の

▲豪雨などにより排水処理能力のキャパを超えれば、水路や排水溝から水が溢れる。いわゆる「都市型洪水」と呼ばれるものだ。

▲家庭でも雨樋から雨水を貯めておけば植物への水やりなどに利用でき、都市型洪水の予防にも貢献できる。

▲墨田区内に複数設置されている「路地尊（ろじそん）」の一つ。機能性はもちろんのこと、風情があり景観にも趣を与えている。

タンクがあるという。こうしてタンクで雨の流出抑制を行うことで、下水道への負荷を軽減し、内水氾濫を防いでいる。墨田区では、一般家庭が雨水タンクを設置する際に助成金（価格の半分まで、最大5万円）を出しているそう。こうした取り組みによって、一般の区民にも雨水タンクの存在と意味が浸透しており、溜まった水は植物への散水、洗車、トイレ用水、消防用水などに使用される。ちなみに区内最大の"ダム"は「東京スカイツリー」。地下には2,635トンもの雨水タンクがあり、植物の水やりはほぼ雨水で賄っているという。

また、区内には「路地尊（ろじそん）」と呼ばれる井戸のような設備がある。近隣の家の屋根に降った水を地下のタンクに貯めて手押しポンプで汲み出す仕組みで、子どもでも簡単に扱える軽い力で水が出る。消防車の入りにくい路地裏の防災のシンボルとして作られ、「路地を尊ぼう」という意味で命名された。デザインは江戸時代の防火用水「天水桶（てんすいおけ）」を真似ており、建築家の隈研吾氏が「新・東京八景」として選ぶなど、街の風景に趣を加える役割も果たしている。区内に21カ所あり、地下に3〜10

トンの貯水槽がある。飲用には向かないが、植物への水やり、子どもの水遊び、近隣の人の生活用水として利用されているという。火事が発生した際、バケツリレーで水を運び初期消化に役立ったこともあるとか。雨水と共に生活する街としての1つのモデルケースだ。

☂ 京都市の「雨庭」

雨水のコントロールという点について、「雨庭」の設置も注目されている。地面がアスファルトで舗装された都市では雨水が地面に浸透せず、水路や排水溝から水があふれる都市型洪水が起こりやすい。それを防ぐためには雨天時に雨水管に入る雨の量を減らす必要がある。敷地内に水を浸透させ処理できる場所を増やせば、水害を予防しながら水を循環させることになり、雨庭はその役割を果たす。もともと日本では、雨庭のような機能を意識した造園が作られていた。大学教授や建設会社といった専門家たちのノウハウによって、昨今改めて近代都市の中に雨庭が取り入れられている。

京都市では2017年度に、市として初めての雨庭を四条堀川交差点南東角に整

備した。道路の縁石の一部を穴あきのブロックに据え替えることで、車道上に降った雨水も雨庭の中に集中。州浜で一時的に貯留し、ゆっくり地中に浸透させる仕組みだ。京都の造園技術を活かし、貴船石をはじめとする地元を代表する銘石を織り交ぜた庭園風に仕上がっており、景観に馴染むかたちで役割を果たしている。「京都市情報館建設局みどり政策推進室」によると、「グリーンインフラの考え方を取り入れながら、市民の方々が身近に接することのできる歩道の植樹帯において、京都の伝統文化のひとつである庭園文化とともに触れていただけるものとして、雨庭の整備を進めています」とのこと。これを皮切りに、市内のその他の箇所にも雨庭の設置を進めている。

☂ 世田谷区の「雨庭」

東京都世田谷区では、『世田谷トラストまちづくり』によって、個人宅でもできる雨庭づくりの普及を進めている。2020年には『雨水まちづくりサポート』の協力を得ながら、区内の産官民学連携で「区立次大夫堀公園」内里山農園前に

▲京都市四条堀川交差点の「雨庭」。道路の縁石の一部を「穴あき」のブロックに据え替え雨水を庭に取り込む。庭部分の植栽の周辺には砂利などを敷き詰めた「州浜」を設け、砂利の隙間に雨水を一時的に貯留し浸透させる。

散水

　水道水に含まれる塩素は、植物の生育に悪影響を与える可能性がある。また、ミネラルウォーターでは浸透圧の関係で植物にとって吸い上げにくい。自然環境において多くの植物が雨水によって育っていることからも、水やりに雨水が適していることがわかる。特に雷雨は、空気中の窒素が雷で電気分解され、通常の雨水に比べて早く葉や茎の生育を促す窒成分が多く含まれるそうだ。

洗車

　水道水に含まれるカルシウムやマグネシウムは、白い水滴跡の原因となる。ミネラル分を多く含む井戸水も同様。蒸留水に近い雨水は洗車にもぴったりだ。

☂ 雨水利用はまだまだ少ない　未来のために皆で意識しよう

　日本で雨水利用への取り組みが始まったのは1960年代で、2020年時点で雨水利用施設数は全国で少なくとも4,000余りになった。それでもまだまだ雨水利用の普及率は低く、雨水年間利用量は全国の水使用量の0.01%に過ぎない。積極的な取り組みを進めている墨田区においても、雨水タンクを設置している戸建て住宅は全体の1.3%程度にとどまっている。雨水利用の第一歩は、まず雨水を貯めること。自宅のポリバケツなどで雨水タンクをDIYし、植物の水やり用に貯めるなどから挑戦してみてはどうだろうか。

　2025年には世界の28億人が、2050年には世界人口の4割以上にあたる39億人が、水不足で日常生活に不便を感じる状態に陥ると予測されている。水に恵まれた日本だからこそ、世界をリードして限られた資源を守っていくべきだ。雨水の特性を知り工夫しながら生活に取り入れることは、間違いなくその一歩となる。

雨庭を手づくり施工した。さらに2021年度より「世田谷グリーンインフラ学校〜自分でもできる雨庭づくり」の企画運営を区より委託を受けて実施。これはグリーンインフラや雨庭などを、体系的に学び手づくりで施工する市民向けの講座で、定員15名のところ60名もの応募があったという。グリーンインフラの取り組みを始めて3年目になり、「雨庭をつくりたい。どうしたらいいか」といった区民からの問合わせも増えている。先述の京都市でも、市民から緑を増やしたい場所として声が寄せられている道路に雨庭の整備を進め、管理に参加してもらうボランティアを募集するなど、地域の取り組みが盛り上がることで住民たちの間にも徐々に認知され、関心が高まっているようだ。

☂ 雨水の魅力

　様々な取り組みや工夫を通して雨水をコントロールすれば、水害を防ぎながら有効利用することができる。しかし、利用に関しては水道の蛇口を捻ったほうが楽、というのが多くの人の思うところだろう。そこで、生活での利用において雨水が水道水に勝っていると考えられる点をいくつか紹介したい。

洗濯

　雨水、水道水、ミネラルウォーターの中で、雨水が1番洗濯に向いていると言われる。塩素を含まず、石鹸成分の泡立ちを悪くしてしまうミネラルも含まれていないため、少量でよく泡立つ。またすすぎの水も少なくて済む。

【参考】
・「雨水をためて洪水対策、災害時の生活用水にもなる"都市のミニダム化"」TOKYO MX+（プラス）
・GQ SYSTEMS ホームページ
・「雨水から飲料水を作り出すプロジェクト 渇水や洪水対策としても期待」NHK ビジネス特集
・「雨水をもっと暮らしに活かそう【ローカル SDGs 〜身近な魅力を再発見〜】」Science Portal
・「『雨庭』とは ...」京都市情報館
・「災害時に雨水タンクが活躍!? 家庭設置には補助金、スカイツリーや国技館にも設置　東京都墨田区」スーモジャーナル
・「雨を活用、2万3000トン超　墨田区はミニダム」東京新聞 TOKYO Web
・「日本は意外な「水輸入大国」——仮想水貿易でわかる水問題のグローバル化」朝日新聞 GLOBE ＋　　　　　　　　他

無自覚な偏見
——マイクロアグレッション

相手の何気ない一言にモヤモヤしたことはないだろうか。悪意のない差別・偏見『マイクロアグレッション』は日常に潜んでいる。多様な価値観が可視化された現代にあっては、意識しなければ誰しもがそれを行ってしまう可能性がある。今回はその問題を探っていきたい。

悪意のない無意識の差別
マイクロアグレッション

「マイクロアグレッション」という言葉をご存知だろうか。「小さな（マイクロ）攻撃性（アグレッション）」という意味で、人と関わるときに意図の有無にかかわらず、相手を傷つけてしまう言動や行動をしてしまうことだ。ちなみに「マイクロ」はダメージの大小ではなく、"見えにくさ・気づきづらさ"を示している。身近なところでは、家族や友人・恋人同士、学校・職場でも日常的に起こり得る問題だ。言った本人に悪意があったかどうかにかかわらず、受けた側が傷ついたなら、それは差別であり攻撃だ。

マイクロアグレッションのベースにあるのは言った側の無意識の偏見（アンコンシャス・バイアス）や先入観であり、自覚するのは難しい。差別や偏見はもちろんなくすべきだが、自身が自覚していない偏見にどのように向き合っていけばよいのだろうか。「自分は差別をしない」と思っていても、誰でも"差別をする側"になり得る。

意識することから始める
日常に潜む様々な偏見

マイクロアグレッションは社会的弱者やマイノリティに対してのみ起こることではなく、我々の生活を構成する何気ない会話や行動の中に潜んでいる。例えば、「女性なのにそこまで出世してすごいですね」や「男性なのに家事や育児を手伝ってえらいですね」というような発言もそうだろう。本人は褒めたつもりなのかも

しれないが、前時代的な"男らしさ・女らしさ"の押し付けである。多様な価値観を持った人々が共存するこの社会、職場でそのような狭量な偏見が発露されると、社員のキャリアへの意欲やモチベーションの低下に繋がりかねない。また、言った本人に悪意がないのがわかっているため、「自分が気にしすぎなのかもしれない」と気持ちに蓋をしてしまう人もいるだろう。

「そんなつもりはなかった」「誤解を招く発言だった」などというような言い訳で済ますのではなく、たとえ場を和ませるユーモアのつもりでも、「誰が笑っているのか」と同じくらい「誰が笑っていないか」について考えることが重要だ。

どのように向き合うべきか
立ち止まって考える

自分がマイクロアグレッションを受けたと感じた時はどうすればよいだろうか。大前提として、傷ついた側が我慢する必要はない。不快な思いをした事実をその場で伝えられたらベストだが、立場上難しいこともあるだろう。声をあげることが難しければ、表情や態度で"相手の言葉を受け取らない姿勢"を示す方法もある。「もしかして他の人には言わないほうがいいのかもしれない」と気づきを与えられることができるかもしれない。自分ではなく第三者が言われている場面に遭遇した時も同じだ。「わざとじゃなかったから」と発言者をかばうべきではない。問題の矮小化に繋がるからだ。

また、自分がマイクロアグレッション

をしないようにするにはどうすればよいか。まず、「どれだけ気をつけていても、起こしてしまうかもしれない」ということに向き合うことからはじめる。しかし、傷つけることを恐れて、コミュニケーションを避けても根本にある差別意識や偏見の解消に繋がらない。諦めない姿勢を持つことがなにより大事だと思いたい。そして、間違いを起こしてしまった時の批判に素直に耳を傾けて真摯に反省する態度や周囲の人が自分の間違いを指摘しやすい環境・人間関係の構築、社会にある様々な問題に対して理解を深めて価値観のアップデートに励む勤勉さ、自分の考えが正しいとは限らないという想像力を持つことが必要だろう。

◆

育ってきた文化や環境で醸成された価値観を変えるのは容易ではない。しかし、違いを受け入れ、この世界には自分の想像が及ばない部分があることを認めることが第一歩目だ。「そんなことを気にしていたら、何も言えなくなってしまう」とは思わないでほしい。誰かがあげた声をうるさいと感じるならば、それはあなたが特権を享受する側にいるということである。尊厳を踏みにじられた側が、「踏んでいるその足をどけてほしい」と言っているだけだ。その足をどけるだけで、息苦しさを感じる人は減り、居心地の良い社会に一歩近付く。社会を構成する一員として、自身も含め周囲の言動・行動を改めて意識してみるところから始めてみてほしい。

HSP とは？
──特性と向き合い方を知る

人よりも敏感で繊細。それ故に物事を深く考えすぎてしまったり、傷つきやすかったりする。HSP はそんな人々の気質を示す心理学分野の用語だ。マイナスなイメージを持たれることも多いが、人の気持ちを理解できる共感力の高さや、僅かな変化にも気づく鋭さがもたらすメリットもたくさんある。本稿では、もし HSP の特徴を持つ人が職場にいると分かった時、どのように接するべきなのかを探る。

● **とても敏感な人、HSP**

HSP とは "Highly Sensitive Person" の略で、感受性が高く、周囲の環境にとても敏感で繊細な気質を指す言葉である。アメリカの心理学者であるエレイン・アーロン博士が 1996 年に提唱した。近年 SNS などで話題に上ることも多く、その認知度は高まりつつある。人口の約 20% が HSP に当てはまるとされ、人間に限らず、動物や植物にもこういった傾向があるという。その繊細さ故に生きづらさを感じやすいともされる HSP。当事者が身近にいる場合、周囲の人々は彼らとどう向き合っていくべきだろうか。

● **HSP の特性**

アーロン博士が提唱する HSP の特性は 4 つ。それぞれの頭文字を取って "DOES" と呼ばれている。

Depth of Processing
＝ものごとを深く考える
・物事を深く掘り下げて考える
・考えすぎて決断や行動に時間がかかる

Overstimulation
＝過剰に刺激を受けやすい
・人混みや大きな音、強い光などに敏感
・親しい相手に対しても気疲れしやすい

Emotional Reactivity and high Empathy
＝感情の反応が強く、共感しやすい
・他人に共感し、一緒に傷ついてしまう
・視線や些細なしぐさで機嫌が分かる

Sensitivity to subtleties
＝些細な刺激に敏感になる
・においや音などの変化にも気が付く
・相手の感情や考えが何となくわかる

以上の 4 つの特性すべてを満たす人が HSP に該当する、というのがアーロン博士の考えである。ここで注意しておきたいのが、HSP はあくまでも気質であり、病気ではないということだ。その特性からネガティブに捉えられがちであるが、能力を発揮できる環境が整っていれば、メリットとして作用することも多くある。人よりも敏感な分、誰も気がつかないような些細な変化や問題に気づくことができる。また他人の気持ちに深く共感することで、周りの人に優しくできたり、他の人の気持ちを想定することができるのだ。

● **職場での向き合い方**

では HSP の人が職場にいたとして、彼らが能力を最大限発揮できるようにするために、周りの人間はどのようなことを心がければよいのか。

① **良い理解者になる**
HSP の従業員にとって、周りからすれば大して重要ではない、些細なことが苦痛になる状況を、なかなか理解してもらえないことが大きなストレスにつながっている。まずは彼らの特性を理解し、受け入れることが大切だ。

② **穏やかな雰囲気づくり**
HSP の特性の 1 つである共感力の強さは、他人が怒られていても自分が怒られている気になったり、周囲が慌ただしく仕事をしている状況に身を置くだけで、疲弊してしまう状態を引き起こす。そのため、日頃から職場の雰囲気を穏やかに

保つことが効果的である。

③ **考えを否定しない**
些細なことに反応してしまい、不安になっている従業員に「気にしすぎ」だと声をかけるのは逆効果。小さなことを気にしてしまう自分の感覚を疑い、自信喪失につながる危険性があるからだ。あくまでも感受性の強さを尊重した上で声をかけることを意識してみてほしい。

④ **刺激を減らす**
人混みや雑音などの刺激に敏感であることを考慮し、刺激の少ない環境を作るというのも、HSP の従業員を助ける大きな要因になる。具体的には一人で作業ができる場所を確保したり、ノイズを減らすためにイヤホンの使用を許可したりなどがある。また満員電車を避けるため時差出勤の導入や、テレワーク環境も積極的に整えたい。

⑤ **得意な仕事をやってもらう**
HSP の従業員はひとつの仕事に集中して丁寧に仕上げることを得意としている。反対にマルチタスクが苦手な傾向があるため、できるだけ一つのことに集中できる形で仕事を割り振ってあげるのが良いだろう。

● **知ることから始める**

HSP と一言で言っても、どんな刺激に敏感なのかやその程度は個人差が非常に大きい。そのため、一人ひとりに合わせた対応が必要になってくる。どのような環境を作っていくべきかを知るためにも、最初の一歩として相互理解とそのための丁寧な対話を大切にしていきたい。

様々な業界で、その道を究めんとするマスターたち。
本誌記者がその中でも、ひときわ強い輝きを感じた人々を
日本経済の未来を創るであろう「Key person」として紹介する。

Key
person

―Selection of "Masters"

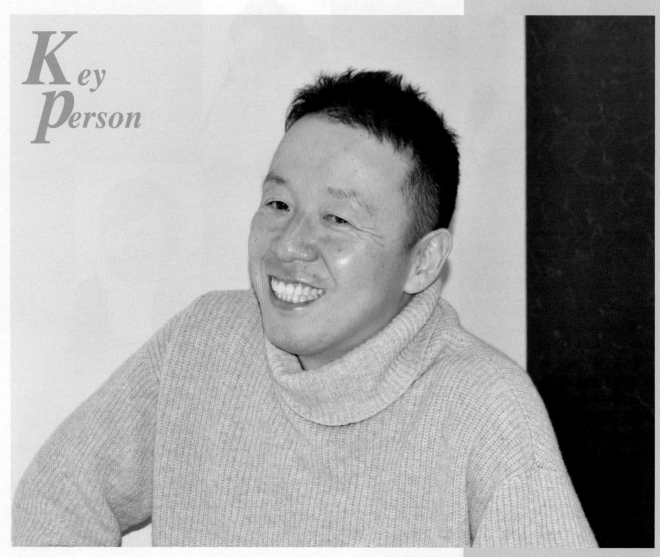

㈱戸室電気管理事務所　代表取締役

戸室 大輔

戸室社長は電気設備の専門家として、一筋に資格取得や経験の蓄積に励んできた。
人との出会いや転職なども自らのさらなる成長につなげ、
堅実かつ誠実な姿勢で独立後も順調に『戸室電気管理事務所』を発展させた。
とは言え全てが順風満帆というわけではなく、公私において壁にもぶつかったという。
落ち込みつらい時期もあったが、それらを乗り越えて今がある。
そして、様々な経験を得たからこそ社長は経営者として、人としてさらなる成長を遂げた。
苦労、困難、反省といったことも糧にし、より良い会社づくりを目指す今、
社長は取引先やスタッフにとっての理想的な経営者となっているに違いない。

（対談記事は 28 〜 29 頁に掲載）

「全ての経験に学び感謝し糧にすることで、
経営者として良い会社を実現できると信じています」

糧

「乾坤一擲」

のるかそるか、天に委ね
一世一代の大勝負に出る──

中国の文学者・韓愈の詩から生まれた語で、「乾坤」は天地を意味し、「一擲」はサイコロなどを投げることを表す。天地を賭けてサイコロを振る、即ち自分の運命を分かつような、一か八かの大勝負に出る時に使う言葉だ。「賽は投げられた」「当たって砕けろ」という文句があるように、人は時に避けようのない勝負事と対峙しなければならないことがある。たとえば仕事の場合なら、社運を左右するような一大プロジェクトや商談、スポーツの場合なら、何としても落とすことのできない試合など──。そうした時、プレッシャーに飲まれて弱腰でいては、勝ちを手にすることは難しい。〝駄目で元々〟という心意気を持って、全力で挑む力強い姿勢が、大勝負においては何よりも大切であるに違いない。大勝負とまではいかなくても、人生の色々な局面を乗り越えるための決意を促す。その合言葉として、「乾坤一擲」を是非、心の辞書に加えていただきたい。

㈲サンキ　代表取締役社長

松井 学

松井社長は、仕事に対して非常にストイックに努力を重ねるタイプだ。
サラリーマン時代は休日返上で勉強を重ね、若くして重要なポジションに就いた。
家業である『サンキ』に入社後も、睡眠時間を削って軌道に乗せるべく奔走。
がむしゃらに奮励し、様々な壁や苦労も乗り越えた結果、現在の同社があるのだ。
為すべきことを為してきた今、社長が掲げるのは「楽しく」働くこと。
どうせ仕事をするのなら、少しでも笑顔が多く生まれ楽しめる環境にしたいという。
「人の役に立ち、笑って過ごせる環境を模索中なんです」――
努力することも楽しむことも常に全力の社長が、笑顔の絶えない会社を実現していく。

（対談記事は 30 〜 31 頁に掲載）

「せっかくなら皆で楽しく働きたい。
笑顔で働ける職場環境を構築します」

楽

㈱RF　代表取締役社長

林田 優希

カーラッピングという技術力が求められる仕事を選び、
徹底的に腕を磨き世界クラスにまで自らを高めてきた林田社長。
業界の競争が激しくなるにつれ価格で勝負する同業者もいる中、
無難な道を選ぶことなく、茨の道を選択し前進し続けてきたからこその結果だ。
難しい仕事や大変な時もあったが、顧客の「ありがとう」の一言が社長に力を与え、
自分だけのスタイルを貫き通してくることができたという。
そうして上り詰めた社長は、業界の異端児とさえ呼ばれるが、
周囲に左右されず芯を持ってこの道を極め続けるのが、林田社長という人物だ。

（対談記事は 32 ～ 33 頁に掲載）

「技術とスピードを徹底的に追求してきました。
国内では誰にも負けないと自負しています」

㈲石田電機　代表取締役

石田 克也

石田社長が仕事に向き合う原動力は、共に働く仲間の存在だ。
「スタッフの笑顔のためなら、自然と力が湧いてきます。
自分一人では、きっとここまでくることはできなかったと思います」と語る。
そんな社長はスタッフ一人ひとりが活き活きと働ける環境づくりにも注力しており、
固い絆が生み出す組織力は『石田電機』の強みの一つにもなっている。
たった1人の力には限界がある。しかし2人、3人と人が集まれば、
その力は何倍にも増し、より良いものを生み出していける──。
同社が飛躍を続ける要因は、社長とスタッフの絆の強さにあるのだろう。

（対談記事は34〜35頁に掲載）

絆

「日々の原動力はスタッフの存在。
皆の活き活きとした姿が私の力になるんです」

なかしまドローン㈱　代表取締役

中島 照雄

中島社長はドローン事業に着手する以前、様々な業界での仕事を経験してきた。
それもただ勤務するだけではなく、飲食業や人材管理業では起業し、
経営者としての感覚を磨きながら、それぞれで成功を収めステップアップしてきたのだ。
その中で育まれた、事業の行く末を見極める洞察力は非常に鋭い。
ドローンの可能性にいち早く気づきながら、大手の参入も予測に入れ動いてきた。
現在は物流分野での活用や国産品の一般化も確信し、さらに一歩先を見つめている。
慧眼を持ち、それを実行に移す行動力も持ち合わせる社長が、
5年後や10年後にどんなビジネスを確立しているのか、目が離せない。

（対談記事は 54 〜 55 頁に掲載）

「様々な業界で働き経営もしてきた経験が
先を見極める力になっています」

慧

Key
Person

㈱ LIPERD　代表取締役

藤本 領佑

様々な怪我や病気の治療の一環として、リハビリは必要不可欠なものだ。
中には、自宅などの病院外でのリハビリを望む声もある。
そうした希望を叶えられるかどうかは、地域医療の充実度合いにもよるだろう。
藤本社長は認定理学療法士として様々な患者と触れ合う中で、
幅広いニーズに応えられるだけの体制が地域に整っていないと感じた。
「実現してほしい」「約束します」──
そんな会話を何人かの患者と交わし、社長は有言実行してみせた。
患者との誓いを実現し、尚「道半ば」と語る社長の挑戦は始まったばかりだ。

（対談記事は 56 〜 57 頁に掲載）

誓

「患者様との約束を守るために独立しました。
安心して暮らせる地域を実現したいです」

「雲外蒼天」

うんがいそうてん

身に纏わり付く雲を抜ければ

周囲には蒼天が冴え渡っている──

「雲外蒼天」には、雲（困難）の上には必ず蒼天（良い結果）が広がっているという意味が込められている。何か大きいことを成し遂げなければならない時に、自身や相手を鼓舞するために使用されている言葉だ。失敗やリスクにばかり気を取られ、成功する・しない以前に挑戦する勇気をなくしてしまっては何も生み出せない。もちろん、ビジネスはいつも上手くいくわけではない。「お客様が離れていってしまうのではないか」「こんなことで躓いていたら、この先やっていけないのではないか」といった考えに頭を悩ませることもあるだろう。だが、乗り越えられない壁はない──たとえどんな悩みであっても、成功を掴み取れると信じて、諦めず努力を積み重ねていくことで、必ず結果となって返ってくる。挫折しない人生などないのだから、いかに先を見据えて歩んでいくかが重要とされる世の中だ。いざ目の前に壁が立ち塞がった時に自身を鼓舞するためにも、心の片隅に「雲外蒼天」という言葉を留めおいては、いかがだろうか。

異業種ネット
-PLUS-

QRコードを読み込んで
異業種ネットplusへ
アクセス！

インタビュー記事のカラー掲載に加え、
専用広告枠を活用して効果的なPRを。

option 01

プロモーション動画などをサイトにアップ

会社・店舗などの PR 動画を持っていらしたり、YouTube に動画をアップされていたりする方におすすめです。インタビュー記事と動画の相乗効果で魅力を存分にお伝えいただけます。（※掲載動画は最大2つまで）

option 02

プレスリリース機能で情報発信

新たなイベントや商品・サービスの告知など、簡易なお知らせに関する情報を掲載いただけます。ご自身のSNSやサイトに加えて、情報発信に活用ください。

option 03

活用されているパンフレット・フライヤーなどを掲載

宣伝広告などで現在ご活用されている、お持ちのパンフレット・フライヤー・リーフレットなどを pdf 形式で掲載いただけます。インタビュー記事と合わせて効果的な PR 効果を期待いただけます。

多様な業界・業種のインタビュー記事と、時事・コラム記事から幅広い知識・情報を収集

全国各地で活躍する経営者のインタビュー記事を閲覧

月刊誌「マスターズ・アンカー・センチュリー」に掲載された全国各地、
多種多様な業界・業種のインタビュー記事を掲載しております。様々な経営者の哲学や生き様に
触れると共に、幅広い業界・ビジネスモデルについても知ることが出来ます！

月刊三誌の記事をアーカイブ

月刊誌「マスターズ・アンカー・センチュリー」に掲載された時事や社会問題、
世界情勢、ユニークな取り組みなどを取り上げた記事から、編集部が厳選した
記事を掲載。幅広い情報・知識の収集に、ご活用下さい！

運営機関：株式会社 IED
お問い合わせ先：info@kokusaig.co.jp
※異業種ネットplusには、
「マスターズ・アンカー・センチュリー」に掲載された方のうち、
インタビュー記事掲載（有料）をご契約の方のみが掲載されます。

*M*asters で活躍するゲストインタビュアー
president,owner,director,boss,leader,captain......

つまみ枝豆

Tsumamiedamame
1958年6月1日生。趣味は車、ゴルフ。ビートたけしの弟子で構成される『たけし軍団』の一員。タレント活動の他、映画『3-4x 10月』『HANA-BI』『座頭市』、テレビドラマ『おひさま』『龍馬伝』『隠密八百八町』など、俳優としても活躍。また怪談の語り手としても活動している。

島崎 俊郎

Toshiro Shimazaki
1979年、コントトリオ『ヒップアップ』を結成。80年に『笑ってる場合ですよ』『君こそスターだ！』でブレイク。85年には『オレたちひょうきん族』に『アダモちゃん』で出演し、お茶の間を沸かせる。現在はテレビリポーターを中心に、舞台や映画など多方面で活躍を続けている。

藤森 夕子

Yuko Fujimori
1990年、コンテスト「日本美人大賞」で準グランプリを受賞し、翌年、同コンテストの上位入賞者で結成されたＣ．Ｃ．ガールズの初代メンバーとして新人賞を獲得する。96年にＣ．Ｃ．ガールズを卒業してからも精力的にタレント・女優業をこなしている。

渡嘉敷 勝男

Katsuo Tokashiki
1960年7月27日生。1978年協栄ジムに入門しデビュー。80年ジュニアフライ級全日本新人王になり注目される。81年12月、WBA世界ジュニアフライ級王座に初挑戦しレベルトを獲得。85年に引退後、TBS『風雲たけし城』に出演、「トカちゃん」の名で全国のお茶の間に登場、人気者となる。

布川 敏和

Toshikazu Fukawa
1965年8月4日生。15歳でジャニーズに入り、1981年にテレビドラマ『2年B組仙八先生』でデビュー。1982年には本木雅弘と薬丸裕英の3人で『シブがき隊』として歌手デビューも果たす。『踊る大捜査線』などのドラマや映画、バラエティーでも現在幅広く活躍中。

ダンカン

Dankan
1959年1月3日生。趣味は野球、釣り。タレントとして『サンデー・ジャポン』『スポーツTODAY』『天才・たけしの元気が出るテレビ』やCMで活躍した他、俳優としても映画『チンピラ』『生きない』など多数出演。番組構成、舞台の脚本・演出なども含め、多方面で活躍中。

野村 将希

Masaki Nomura
1970年に「一度だけなら」で歌手デビュー。その後、米国の「アメリカンミュージカル＆ドラマティックアカデミー」で舞台芸術を学ぶ。歌手活動を続けながら俳優としても活躍の場を広げ、2014年にはアームレスリングアジア大会に出場。現在は舞台を中心に、俳優、歌手として活躍中。

野村 宏伸

Hironobu Nomura
1984年に映画『メイン・テーマ』で俳優デビューし、本作で日本アカデミー賞新人賞を受賞。1988年には『教師びんびん物語』に出演し、ブレイクを果たす。その後は役者としての活動を中心とし、数々の作品に参加して本格派俳優としての地位を確立。舞台でも精力的に活動している。

ラッシャー板前

Rasshar itamae
1963年6月15日生まれ、千葉県出身。「たけし軍団」の一員として、数々のテレビ番組やCM、映画などに出演。人気情報番組『朝だ！生です旅サラダ』（テレビ朝日）では、25年にわたりレギュラー出演。全国各地から1,000回以上の生中継を行い、地域の様々な魅力を発信してきた。

大沢 樹生

Mikio Osawa
1987年に光GENJIの一員としてデビューし、不動の人気を誇る。現在は俳優として数々の映画やテレビ番組に出演。主な出演番組は、『わさお』『捜査線』『魍魎の匣』『紅薔薇夫人』『まだまだあぶない刑事』『悪の華』『相棒10』など多数。俳優業のほか、プロデュース・監督作品も手掛けている。

松尾 伴内

Matsuo Bannai
たけし軍団の一員として、数々のテレビ番組に出演。主な出演番組は、『痛快！明石家電視台』毎日放送、『開運！なんでも鑑定団』テレビ東京系、『ごきげんよう』フジテレビ系など多数。またバラエティのみならず、ドラマや舞台で俳優としても幅広く活躍中。

山中 慎介

Shinsuke Yamanaka
滋賀県湖南市出身。2006年にプロデビュー。「神の左」と称される左ストレートを武器に勝利を重ね、2010年に日本バンタム級チャンピオン、2011年にはWBC世界バンタム級チャンピオンを獲得。2018年、日本歴代2位となる世界防衛12回を樹立し引退した。現在は幅広いメディアで活躍中。

辻 よしなり

Yoshinari Tsuji
慶応義塾大学卒業後、テレビ朝日に入社。プロレスの実況アナウンサーとして人気を博し、2000年にフリーランスに。テレビ・ラジオ・ネット放送・イベント・執筆・講演と活動の域を広げる。『踊る！さんま御殿！！』『オジサンズ11』など、多数のTV番組出演の他、スポーツの実況も手掛ける。

佐藤 藍子

Aiko Satou
1992年に「第6回全日本国民的美少女コンテスト」でグランプリを受賞。翌1993年にANB『ツインズ教師』で女優デビューを果たす。以降、数々のテレビドラマに出演。舞台や映画でも活躍の場を広げ、バラエティー番組では司会を務めるなど、多彩な才能を発揮している。

新山 千春

Chiharu Niiyama
青森県出身。ホリプロタレントスカウトキャラバンで芸能界に入り、1996年に映画『お日柄もよくご愁傷さま』でデビュー。『超タイムショック』『にじいろジーン』など、バラエティー、ドラマ、映画など多方面に活躍。2010年には青森市観光大使に就任。観光PRにも取り組んでいる。

企 企業は人なり～その人物像を探る

匠 技を極めた匠

医 健やかな日々を支える医療

心 心に寄り添う介護・福祉

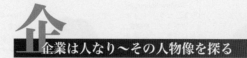 *Masters* 特別企画取材

地域に生きる

土 EXPERT'S EYE

教 明日を照らす教育現場

寺 社寺聴聞

店 逸店探訪

タレント
藤森 夕子

1990年、コンテスト「日本美人大賞」で準グランプリを受賞し、翌年、同コンテストの上位入賞者で結成されたC．C．ガールズの初代メンバーとして新人賞を獲得する。96年にC．C．ガールズを卒業してからも精力的にタレント・女優業をこなしている。

電気設備のプロとして役割を果たしな

ビル内の電気設備の保守管理や、受変電設備点検業務などを行っている『戸室電気管理事務所』。空調設備や水道工事なども手掛けることができ、戸室社長の豊富な人脈もあって多くの取引先から大きな信頼を得ている。社長のもとを、本日はタレントの藤森夕子さんが訪問しインタビューを行った。

■ 資格を取得し経験を蓄積　さらなる挑戦を決意し独立

――戸室社長は、どういったきっかけで電気関係の仕事に進まれたのですか。

学校で電気分野を専門にしていて、早くに結婚して21歳で子どもが生まれたことから、本格的にスイッチが入りました。「家族を養わなければ」と決意を固め、大手メーカーに就職。その中で第三種電気主任技術者の資格取得に向けて勉強を始め、不明点があれば母校の先生に聞きに行って教えてもらいました。私は学生時代決して熱心な生徒ではなかったので、「お前が勉強するなんて俺は嬉しい」と、先生は喜んでいました（笑）。

――（笑）。学生時代って、えてして皆さんそういうものですよね。試験には無事に合格されて？

はい、お陰様で。ちょうど資格を取得したタイミングで、不動産会社からビルの電気管理ができる人材が欲しいと、お話を頂きまして。そちらに転職し、電気だけでなく内装工事や設備工事、仕事の発注なども経験させていただきました。また、ビルのテナントさんやオーナーさんとお話をする機会も多く、皆さんがどういうニーズを持っていらっしゃるか徐々に掴めてきたんです。その経験から「自分で仕事を取れるのでは」と思うようになり、32歳の時に独立を決意しました。

――すでにご結婚されていたと伺いましたが、独立に関して周囲の方々のご意見はどうでしたか。

ほとんどが「止めたほうが良い」というものでした。でも1人だけ、「今のうちに起業して軌道に乗せるべきだ」と背中を押してくれたんです。その言葉に勇気をもらって、「やるなら今しかない」と腹をくくって独立しました。

■ プライベートも充実させられる　働きやすい会社環境を目指して

――独立後はいかがでしたか。

ありがたいことに、それまでのお付き合いもあって大手企業さんからお仕事を頂くことができました。また、取引先さんから「職人が足りないから応援に行ってほしい」と言われてあちこちに顔を出すようになり、様々な出会いから新しい仕事も生まれました。

――多くのご縁があったのですね。

はい。本当に周囲の人がいらっしゃって今があると、感謝しています。また、当社はビル内の電気設備の保守管理や、受変電設備の点検業務などがメインですが、空調設備工事や水道工事なども手掛けられる点が強みだと自負しています。まとめて色々とお願いできると、重宝がっていただけることも多いです。

電気工事業・ビルメンテナンス業 他

株式会社 戸室電気管理事務所
東京都品川区北品川 5-12-4 リードシー御殿山ビル 7F-2

代表取締役 戸室 大輔

東京都出身。高等専門学校で電気を学び、大手メーカーに入社。第三種電気主任技術者の資格を取得後は転職し、ビル管理会社で電気の保守管理業務に従事。そして経験を積んで32歳の時に独立し、やがて法人化も果たして現在に至っている。

がら、スタッフが働きやすい環境を実現

——それはお客様からしたら助かりますね。法人化されたのはいつですか。

2018年です。当時、個人事業としては仕事が増え過ぎたので縮小しようかと思っていたんです。ですがアルバイトのスタッフが「それなら法人化して私を入れてください、手伝います！」と言ってくれて。そこから法人化してスタッフも増えて、現在があるんですよ。今は約10名のスタッフに恵まれています。

——素晴らしいお仲間が揃っていらっしゃるようです。

皆仕事を頑張ってくれていて頼もしいですし、私は経営者としてスタッフが働きやすい職場環境を整えることが仕事だと考えています。と言うのも、私は起業してから家族のために一心不乱に仕事に打ち込んできましたが、それが却って家族との時間を蔑ろにする結果になってしまって……。人生は仕事だけではない、と改めて実感したんです。だからこそスタッフにはプライベートも充実させてほしいですし、福利厚生を充実させ給与にも還元してあげたいと思っています。

——今社長がそうしたお気持ちで頑張っておられることは、ご家族の方やスタッフさんにも伝わっていると思いますよ。

私が仕事に打ち込んでこられたのは、家族、スタッフ、取引先の方々など周囲の皆さんの協力があったからこそです。ここまでやってきたからには、子どもからも「お父さんすごいね」と言われるような、さらに良い会社に成長させたい。安心して働ける環境を整え、私が引退しても長く続いていく会社にしてみせます！

（取材／2023年1月）

一つひとつのきっかけを掴んで

成長や成功につながるチャンスは誰にでも訪れるが、それに気付き掴めるか掴めないかどうかだ、とよく言われる。戸室社長は、周囲の人からの言葉に耳を傾け実行に移すことで、そうしたきっかけを掴んできた。例えば独立に迷った時、たった1人の応援の言葉を受けて決意したこと。取引のある電気工事会社から応援を頼まれたことから、出向く現場を増やして新たな出会いにつなげたこと。そして、アルバイトスタッフの「縮小するくらいなら法人化してください。私も手伝います」と言われ法人組織にしたこと。あるいは聞き逃したかもしれない言葉の一つひとつをしっかりと拾い、向き合うことで成長につなげてきたのだ。そんな社長なら今後も、ゆっくりと、しかし確実に、会社を成長に導いていくに違いない。

「穏やかで誠実な印象の戸室社長。粘り強く地道に努力することで結果を出す、ストイックさも持っていらっしゃる方でした。そうした社長の芯の強さで堅実に実績を積み重ねてこられたからこそ、現在の『戸室電気管理事務所』さんがあるのですね。一朝一夕で作り上げられるものではありませんから、取引のある方々は安心してお仕事を任せておられることだと思います。そして、社長の背中を見ているスタッフの方々やお子様など、きっと良い影響を受けて成長を重ねていかれると思いますよ。今後も真っ直ぐに、会社と周囲の方々を引っ張っていってほしいです」

藤森 夕子・談

有限会社 サンキ

北海道札幌市豊平区月寒東2条
18丁目1番10号
URL：https://sanki-hokkaido.com
平日 9:00 ～ 18:00 ／ 土日祝定休

【営業品目】

■包装資材、包装機器、
ダンボール、ポリ袋、OPP

■テープ各種、各種シール、事務用品

■木製工芸品の販売、
農産物・海産物・水産物の販売

■通信販売、EC サイト運営

事業領域を広げながら北海道の魅力を

包装資材、包装機器、ダンボールなどの製造・販売、農産物・水産物の加工販売、通信販売事業など幅広く展開している『サンキ』。いずれも北海道の製品を扱いながらその包装を自社で行うなど、強みを充分に活かしながら成長を遂げている。同社の松井社長の原動力の一つは、周囲の人々を楽しませ笑顔にしたいという思いだ。そんな社長に、タレントの島﨑俊郎氏がインタビューを行った。

代表取締役社長
松井 学

北海道札幌市出身。ダンボール製造会社を経営する祖父や父親の姿を見て育つ。19歳で結婚し、20歳の時に『大日本印刷』に入社。優秀な業績を収めて若くして管理職に就いたが、退職して父親が経営する『サンキ』に入社した。そして経験を積みながら事業を軌道に乗せ、代替わりして現在に至っている。

■ サラリーマンとして結果を出し家業に入って2代目社長に

——まずは、松井社長の歩みからお聞かせください。

小さいころはお祖父ちゃん子でした。祖父は当社と同様のダンボール製造会社をしていたので、よく仕事場で遊んでもらったものです。私は保育園生の時から、祖父から「大きくなったら会社をやりなさい」と言われていたので、当時から将来の夢は"社長"でした。

——保育園生のころからですか。お祖父様の影響を大きく受けられたのですね。

祖父は「人の顔をよく見て、色々な人に会いなさい」とも言っていました。これは今でも心に留めていることですね。本格的に社会に出たのは20歳の時で、『大日本印刷』に入社しました。結婚して子どもが生まれたので、「家族を養わなければ」との一心でがむしゃらに働きました。少しでも早く仕事を覚えるために休日も出勤して学び、業務に必要なスキルだけではなく、社会人としても多くを勉強させていただきましたね。お陰様で25歳の時に管理職に就きまして、社内で最年少だったと思います。

——非常に努力家で、優秀でいらっしゃるのですね！

それなりに給料も頂けるようになりましたが、私の目標は社長です。退職し、父が経営していたこの『サンキ』に入社したんですよ。当時はそれほど売り上げが安定していなかったので、昼間は同社で営業活動に奔走し、夜はアルバイトを掛け持ちしました。毎日睡眠時間は3時間ほどで、約7年そんな生活を続けたでしょうか。父とスタッフの皆さんの頑張りもあってようやく軌道に乗ったので、当社の仕事だけに絞りました。

——親子で一緒に仕事をするとぶつかるとよく聞きますが、いかがでしたか。

やはり、考え方は違います。とは言え、どちらかが正解というわけではありませ

　松井社長は昔からキャンプが大好きで、本格的に道具を揃えて北海道各地を巡ってきた。奥様と2人で行くことも多く、それがリフレッシュになって仕事を頑張ることができたという。最近は仕事の忙しさやコロナの関係もあってあまり行けていないそうだが、趣味の充実が仕事の充実にもつながっているのだ。

　また、普段からユーモアに溢れ冗談が好きな社長は、カメラを向けられるとつい人を笑わそうとしてしまうとか。メリハリをつけて仕事に臨みながらも、常に遊び心を忘れないのが社長の魅力。そこから笑顔が生まれ、明るく活気ある職場の雰囲気にもつながっている。

▲キャンプが趣味で、奥様と一緒に行くこともあるという

公私ともに充実させ、遊び心を忘れないのが松井社長のスタイルだ▼

発信し、関わる全ての人を幸せにしたい

ん。父の方針も吸収しつつ、自分なりのカラーを出せるように努めました。そして代替わりし、現在に至っています。

さらなる事業展開に注力し
次世代へとつないでいく

——改めて、御社の事業内容を詳しくお聞かせください。

　包装資材やダンボールなどの製造・販売をメインに、農産物、水産物などの加工・販売も手掛けています。当社が大きく伸びたきっかけは、古い仲間に助けられたお陰なんですよ。実は私の高校生時代の友人の多くが経営者をしており、農業、水産業、畜産業などで活躍しているんです。彼らの紹介で仕事が増え、成長することができました。本当にありがたいことですし、人とのつながりの大切さを改めて実感しましたね。

——そうした人脈をお持ちなのも、社長のお力の1つでしょう。

　それから、サラリーマン時代の後輩が障がい者就労継続支援の施設で働いていまして。そちらの作業所で食品を扱っているのですが、食べられるけど売れないから捨ててしまう部分があると聞いたんです。そこで、それらの食材をスープや

味噌汁などに加工・販売したところ、好評を得ることができました。もちろん、それら商品の包装資材は当社の製品を使用しています。

——それが農産物や水産物の加工・販売事業なのですね。社会貢献にもつながる素晴らしい取り組みです。

　就労継続支援の利用者さんたちも、やり甲斐を持って協力してくださっているようで、嬉しい限りです。実は今、帯広に通信販売事業の拠点を構える準備も進めていて、ECサイトの運営にも力を入れていこうと思っています。ご時世的に需要があると思いますし、これまでお世話になってきた農家さんたちの販路拡大にもつながればと。

——また大きく可能性が広がっていきそうですね！

　北海道の魅力ある品々を全国各地にお届けし、アジアにも輸出することが目標です。易しい道ではありませんが、諦めずに前進していけば必ず道は開けると信じています。そしてこちらの新事業も目処がつけば、私の息子に任せていきたいですね。

——ご子息も一緒に働いていらっしゃるのですね！

　ちょうどこの春からです。仕事という

のは大変なものですが、「石の上にも3年」と言うように、若いうちに苦労することも必ず糧になります。是非頑張ってほしいですね。そして私としては、関わっている全ての人たちが心豊かに幸せに暮らせるようにしたい。仕事を通して、皆さんが楽しく笑って暮らせるような環境を構築していきたいです。

（取材／2023年1月）

after the interview

「松井社長は大変ユーモアのある方で、お話ししていてとても楽しかったです。ご自身も人とお話しするのが好きだそうで、営業活動を行う際にも、コロナ前は直接対面でコミュニケーションを取ることを大事にされていたとか。その社長の人柄があるからこそ、周囲の方々と信頼が築かれ、多くの縁が紡がれていくのでしょうね」

島崎 俊郎・談

アーティストとして個性と技術を活かし 若い世代と共に成長し業界を盛り上げていく

『RF』にて運営している『RINDA FACTORY』は、国内トップレベルの技術力で知られるカーラッピングの専門店だ。愛車にこだわりを持つ全国各地のオーナーから依頼が相次ぎ、紹介や口コミだけで有名店となった。そんな同社の林田社長は、仕事にこだわりを持ち顧客の「ありがとう」を聞くためにとことん腕を磨いてきた人物。本日は社長のもとに、車好きで知られるタレントのつまみ枝豆氏が訪問し、インタビューを行った。

代表取締役社長
林田 優希

大阪府茨木市出身。高校生時代からバイクが好きだったことから、ラッピングの仕事をスタート。二輪中心だったがやがて四輪を手掛けるようになり、徹底的に技術を磨き上げ独立した。カーラッピングのアジア大会で優勝し世界大会でも優秀な成績を収めるなど、その技術力は折り紙付き。全国の車好きから大きな支持を得ており依頼が絶えない。

■ ラッピング技術を磨き続け こだわりの仕事で全国から依頼

——林田社長は、いつから現在のお仕事をされているのですか。

16年ほど前からです。当時は今ほどカーラッピングが一般的でなく、技術も浸透していませんでした。失敗を繰り返してとにかく試行錯誤を重ねながら、4、5年目のころには「向いていないんじゃないか」と挫折しかけたこともあります。それでも、負けず嫌いな性格だったこともあり続けてきて、こうして独立を果たして国際大会で賞も頂けるようになりました。

——努力を重ねて、世界レベルの技術を身に付けられたわけだ。今では同業者の数も増えたのではないですか。

昔と比べると随分増えました。価格で勝負する業者さんもありますが、当社は技術・スピードの双方で絶対に満足していただける自信があります。例えば一般的に2週間程かかるものなら、我々は1週間で仕上げてみせます。そして、仕上がりのクオリティは日本国内でどこにも負けません。お見積もりの際にはそういったことを熱意を持ってご説明し、ご納得

いただける方とお付き合いさせていただいています。お陰様で良いお客様に恵まれ、全国からご依頼があるので本当にありがたい限りです。

——自分たちの強みをしっかりと持っておられるからこそ、競争が激しくなる中でも光る存在でいらっしゃるのですね。最近では珍しいカラーリングの車もよく見かけます。

以前はサンプルから色を選ぶしかなかったのですが、今はオーダーで好きな色をフィルムで作ることが可能です。幅広くご対応できますし、綺麗に剥がせる点がラッピングのメリットですね。ラッピングはランボルギーニやフェラーリといった、高級車に手掛けるケースが多いのですが、それは剥がしてからも綺麗な状態を保てる——つまり資産価値を下げることなく色替えができるからなんです。欲しい色の車がない場合、別の色の車を購入してラッピングで色替えをしてから納車、という買い方をされるケースもあります。もちろん、ご要望をヒアリングした上でラッピングよりも塗装のほうが適していると感じた場合には、ご説明の上で信頼できる業者さんを紹介しますよ。

株式会社 RF　RINDA FACTORY

大阪府門真市岸和田3丁目45-23
URL：http://rinda-factory.com

Facebook

Instagram

世界で結果を出す圧倒的な技術力

林田社長は 2017 年、カーラッピングのアジア大会で優勝した経歴を持つ。さらにその翌年に行われた世界大会では 4 位。かつて技術を磨く中、挫折しそうになりながらも持ち前の負けん気で徹底的に研鑽を続けた結果、世界トップクラスの腕前を手にしたのだ。それでも社長は満足しておらず、「また世界一に挑戦したい」とリベンジに燃える。すでに業界で国内屈指の存在であるにもかかわらず、妥協せず挑戦し続ける姿勢には頭が下がる。社長なら必ず、近い将来世界一の座を手にするだろう。

■ ラッピング文化を根付かせ
■ 国家資格化の土台を作りたい

——社長のお客様に寄り添った姿勢と技術力を、若い世代にも是非継承していただきたいです。

それは私も力を入れているところで、現在は当社での仕事以外に、モータースポーツの専門学校で講師も行っています。仕事を通して、カーラッピングという文化を日本国内でもっと盛り上げたいと思っているんですよ。例えばヘアサロンで髪型や髪色を変えるように、ファッションとしてラッピングを楽しんでいただけるようになればと。その点で私たちは、職人というよりもアーティストです。一人ひとりが技術を高める中で個性を発揮し、アーティストとして活躍できる土台を作っていきたい。それが、私の人材育成にかける思いですね。

——なるほど。確かに社長の実績やお仕事のスタンスから、アーティストという言葉がしっくりきますよ。

また、ラッピングの技術を国家資格化することも、大きな目標です。現在は法律上必要な資格などはなく、技術と経験があればこの仕事で独立は可能です。で

すが業界全体を盛り上げ、若い人に魅力を感じていただくためにも、国家資格として認められる仕事にしたいんです。正直、私が生きている間に実現することは難しいかもしれません。それでも、その土台となる活動はしていくつもりです。

——素晴らしい志ですね！ 社長なら絶対に実現されると思いますよ。

現在、ラッピングを始めてから約 16 年になります。一切営業活動をせずに紹介だけでお客様に恵まれてきましたので、今後もそのご期待に応えるべく、若い世代も巻き込みながら向上し続けたいです。そしていずれは現場から一歩引いて、自分が好きに作業できるガレージカフェのような環境を整えたいです。この仕事は私の趣味でもありますから、生涯楽しみ続けられるようにしたいですね。

（取材／ 2023 年 1 月）

After the Interview

タレント　つまみ枝豆

「林田社長は海外からの依頼でお仕事をすることも多いそうです。例えばマカオのホテルが企画した特別なロールス・ロイスの車を扱ったり、何億円もするアストンマーティンのヴァルキリーを扱ったり。私も車が大好きなので、お話を聞くだけで興奮してしまいました。まだお若いにもかかわらず驚くほどの技術と実績を持っていらっしゃいますから、今後のさらなるご活躍が本当に楽しみですね！」

組織力とセンスが光る確かな仕事で
さらなる飛躍を期す電気工事会社

東京都練馬区を拠点に、電気工事を手掛けている『石田電機』。優れた技術力とセンスが評価され、公共工事を主軸に、歌舞伎町や銀座、六本木などの様々な店舗の電気工事を数多く手掛けている。そんな同社を牽引するのは、二代目・石田社長。組織力の強化を図り、効率的な仕事を続けることで事業を成長に導いてきた。本日はタレントの藤森夕子さんが社長にインタビュー。その人物像や事業に懸ける思いに迫った。

有限会社 石田電機
東京都練馬区旭町 1-41-1　URL：https://www.ishidadenki.co.jp

42年の歴史と実績で
官・民問わず幅広く活躍

──『石田電機』さんでは、電気工事を手掛けておられると伺いました。どういった現場が多いのですか。

公共工事ですと学校など、民間工事ですと歌舞伎町をはじめ、銀座、六本木などにある飲食店やクラブ、サロンといった店舗・商業施設の電気工事が多いです。売上としてはどちらかと言うと公共工事のほうがありますが、私は光や音が好き

ゲストインタビュアー
藤森 夕子

ですし、店舗の電気工事はお客様もこだわりの強い方々が多いので、楽しくて沢山手掛けていますよ。

──歌舞伎町などのお店は特に照明が大切なイメージがあります。御社は長く地域に根差してこられたそうですね。

父が1981年に設立した会社で、今で42年になります。子どものころから父が働く背中を見ていたので、中学生の時には私も同じ道に進もうと決めていました。そして電気の専門学校を卒業後、家業ではなく別の電気工事会社で働き始めました。それが19歳の時のことですね。そして26歳の時に独立して、個人事業主になりました。

──お父様とはなかなか合流されなかったのですね。

いずれは父の会社を継ぎたいという思いはありましたが、当時は父もまだまだ元気でしたし、親子で働くと良い面も悪い面もありますから、あえてそれぞれの道を歩んだんですよ。とは言え、家業の近くで独立したので、父の会社から仕事をもらったり、反対に私が父の会社の応援にいったり、お互いに支え合いながら仕事をしていました。そうして私も父もお互いの仕事ぶりを把握していたんです。やがて36歳の時に代替わりの話が出まして、家業に入ることになりました。その時には私の事業で4人のスタッフを抱えていたので、彼らも一緒に当社のメンバーになったんですよ。

──すでに4名の職人さんがおられた

とは、確かな経営手腕が窺えますね。

組織力を高め効率化を図り
さらなる信頼を積み重ねていく

──家業に入られて、新たな学びなどはありましたか。

すでに技術力はあったので、父から何かを教わるということは少なかったですが、父の仕事の進め方や考え方を見て、「私はもっとこうしてみよう」と改善に繋がることが多かったですね。例えば、父は職人気質で、「個」で仕事をすることを好みます。一方、私は組織力を高め、「組織」で仕事をして効率化を図ることに重点を置いています。この点は父と私の大きな違いですね。もちろん技術者としては父のほうが優れていますが、一人で仕事にあたるとどうしても一人分しかこなせないんです。ですが、2人、3人とチームになり連携することによって単純に2倍、3倍ではなく、それ以上の働きができるようになるんですよ。

──確かに効率も事業成長の上では欠かせない要素ですよね。

それに身体のためにもチームプレーは良いんですよ。父は一人で現場を抱えていたので、ずっと現場に寝泊まりして帰らないこともよくありました。ですが、この働き方では体力が持ちません。駅の工事など人がいない夜間に仕事をしなければいけなくて帰れない工事ももちろんありますが、そうした時も組織で動くこ

代表取締役
石田 克也

東京都練馬区出身。電気工事会社を経営する父親の背中を見て育った。中学校2年生の時には電気工事業界で働くことを決意。電気の専門学校に進学し、資格を取得して電気工事業界で働き始めた。26歳で独立し、個人事業主としてスタート。36歳で家業に入り、優れた経営手腕で事業を成長に導いている。2022年1月に代表取締役に就任し、現在に至る。

とによって休憩が取れますよね。

——言われてみれば、とても納得です。お仕事はこれまでずっと順調に？

19歳から現場に出ているので人脈も広がっており、ありがたいことに順調です。納めてきた仕事が営業になりましたし、支えてくださっている方々には感謝の気持ちでいっぱいです。

——良いお仕事を続けてこられた賜物ですね。お仕事ではどんなことを大切にしておられますか。

お客様の希望を叶えるべく可能な限り力を尽くすことでしょうか。先程も少しお話ししましたが、歌舞伎町などのお店ですと照明にかなりこだわりがあります。実際にお店の方が現場を見に来られて「ここをもうちょっとこうしてほしい」「こっちはこんな風にして」とおっしゃることも多いです。そんな難しいご要望も何とか応えるように努めますし、材料費が別途かかる場合を除いて、私の労力だけで済む場合はお金のことも言いません。

——お客様も喜ばれているでしょう。店舗の案件が多いと、新型コロナの影響が大きかったのではありませんか。

幸いなことに影響は少なかったですね。コロナを機に改装する店舗が多かったですし、今は電気代の高騰を受けて省エネ化を進める店舗も増えています。

——大変な時も屈さない店舗の方々を、電気工事で支えてこられたのですね。お仕事の原動力は何ですか。

スタッフ皆の笑顔のためにという思いが原動力です。皆がいてくれるからこそ頑張れますし、一人ではここまで来られなかったと思います。だからこそ、これからも皆を大切に、チームプレーにこだわって仕事を続けたいですね。

——これからも皆さんで心を一つに頑張っていただきたいです。お話は尽きませんが、今後についてはどのような展望を描いておられますか。

2023年は勝負の年だと思っています。所有している不動産がいくつかあるので、まずはそれらを全て建て直すつもりです。この自社ビルも建て替えの準備を進めており、完成後は気持ちを新たにさらに良質な仕事を続けて、飛躍を目指したいと思います。

（取材／2023年1月）

After the Interview

「お父様が守ってきた会社を受け継ぎ、自分らしい経営でさらに発展させている石田社長。また、事業の成長を見据えるだけでなく、スタッフさんをはじめとする周囲の方々を大切にする姿勢も素晴らしいと思います。これからのさらなるご活躍を、私も楽しみにしています！」
藤森 夕子・談

COLUMN	スタッフ一人ひとりの笑顔が輝く組織づくりを

男女を問わず様々なスタッフが現場で活躍している『石田電機』。石田社長は仕事のやりがいについて「華がある仕事だと思います。完成したお店を見ると達成感を感じますし、スタッフもキラキラした目で見ていますよ」と語る。そんな同社ではSNSで仕事の様子を発信しており、全国から電気工事士を目指して応募が集まってくる。さすがに遠方の人は断ることもあるというが、それでも「ここで働きたい！」と入社したスタッフも活躍中だ。ゲストインタビュアーの藤森夕子さんが、「多くの方が集まる理由は、社長の明るい人柄にもありそうです」と話すと「私自身、楽しく働いているので、スタッフも楽しいと思ってくれているのかもしれません」と社長。肩書きで呼ばれるのが苦手だという社長は、普段からスタッフに「克也さん」「克也くん」と呼ばれており、社長もスタッフを名前で呼んでいる。そんな和気あいあいとした雰囲気も、社長が重視する組織力の強化に繋がっているのだろう。

AT&G 株式会社

東京都目黒区青葉台2丁目21-6 いちご中目黒ビル8階　URL：https://atg-plus.co.jp/

明るく楽しく元気な社会を目指して
未来ある企業の発展をプロデュース

代表取締役社長　**竹本 充生**

special
×
interview

ゲストインタビュアー　**藤森 夕子**

ベンチャー企業をはじめ、未来ある企業の創業や新規事業における課題解決の支援とプロデュースを手掛ける『AT&G』。竹本社長は大手企業在籍時代に国内外で培った豊富な経験を活かし、社会貢献の意識を持って企業を成功に導く。本日はタレントの藤森夕子さんが同社を訪問し、お話を伺った。

大手企業で培った経験を活かし
企業の成功をプロデュース

——まずは竹本社長のご経歴から。

1981年に『ミノルタカメラ』に入社し、情報機器の調達業務に携わり、その中でブラジル6年、香港8年の海外駐在を経験。そして、2002年に帰国、2003年には『コニカ』と『ミノルタ』が統合し、その後も情報機器事業の調達部門で業務に努めました。2011年に東日本大震災が起きた際には被災地のお取引先様復興支援の陣頭指揮を執ったほか、自社BCP遂行のための生産活動における特別対策室責任者も兼任。2015年には役員に就任し、2021年に退社後『AT&G Inc.』を設立しました。

——ご苦労された経歴を経て、起業家人生をスタートされたのですね。

役員退任後、いくつかの選択肢がある中で、これまでモノづくりを通して学んできたことや経験を活かして、この先の日本を元気にしていくような事業やこの国の経済を支える企業に対し、微力ながらも力になりたいと思って起業しました。コンサル業かと聞かれることがあるのですが、当社が手掛けているのは"事

業プロデュース業"と自負しております。一般的なコンサルというよりも、もう少し泥臭いイメージを持ってもらいたい。社会貢献の意識を持って、企業のさらなる発展を支援しております。

——企業発展の先にある社会の発展まで見据えておられるのですね。

ええ。震災復興に関わる中で気づかされたことがあります。自分の家も倒壊し、家族も被災した中で陣頭指揮を執っているお取引先様の工場長がいて、顧客を含め困っている人のために尽力するその利他的で崇高な精神を目の当たりにして、感じたのです。人のこと、社会のこと、周りのことをどれだけ真剣になって考えられるかが一番大事なのだと。そして、周りが何を求め、何に期待しているかを「とことん聞いて咀嚼し、自ら実行する力」の大切さを知りました。売り手・買い手が満足できるのはもちろんのこと、社会貢献もできるのが良い商売だという近江商人の心得「三方良し」に共感しており、社会貢献を目指す上で全ての方のベネフィットを整理・理解し、満足いただけるために何をするべきなのかを考えなければならないんです。それぞれの会

社・事業が抱えている悩みを共有し、当社にできることを実行しながら一緒に歩みを進めていこうと思っています。

——社長の志に惹かれて御社に入ってこられる方も多いのでは？

今のところ、当社の従業員は5名で、うち1名はブラジル時代からの知り合い（合併相手先の駐在員）が執行役員を務めていて、他にも医療系、ITソリューション関係の経験豊富な方に事業を任せています。それから、関連企業・パートナー企業の方やフリーランスの方と一緒に仕事をしようという話が増えてきて、信頼と安心感あっての関係ですので、つくづく人に恵まれているなと感じます。ありがたいことに会社としては加速度的に事業が拡大、業務量が増えているので、今後はさらに従業員や共に活動する仲間を増やしていく予定です。その人の良い部分を見て周囲の人と喜び合えるような方と一緒に楽しく働きたいですね。

3分野に注力してプロデュース
明るく楽しく元気な社会を目指す

——現在、業務の主軸となる分野は？

今は医療関連・安全防災・ICT/IoTの3分野に注力しています。当社は豊富な経験と知識、培った人脈を活かして、クライアントの課題解決に向けてプロジェクトの成功をプロデュースし、経営全般、

己の限界を突破し その先半歩でも前へ踏み出す

▼「自らが限界だと感じても、そこからさらに半歩でも前へ踏み出せるか」——竹本社長のモットーは"限界突破"。「チャレンジした結果失敗しても、諦めるのではなく美しくリカバリーを決められるか」を意識しているのだという。己の限界を突破して成長を続けた社長だからこそその言葉だ。「『どんどんチャレンジしてほしい。失敗してもいいからではなく、攻めるほど失敗と反省はつきもの。いかに美しくリカバリーするか一緒に決めて、また果敢に挑戦しようじゃないか』とベンチャーさんの背中を押しているんです」。社長は"限界突破"の姿勢を伝授していく。

グローバル調達・モノづくり戦略を進める上での顧問やコンサルティング業務、国内外におけるソーシングや輸出入を行う調達業務、財務基盤を安定させるための資本増強策にも参加するなど、3本柱で事業を展開させています。

——社長の豊富な実績があればクライアントも安心されるでしょうね。

信頼（約束事は守る）され安心感（迅速で丁寧）溢れる集団にしたいという強い思いがあります。私は"自分さえ良ければいい"という考えで動きたくないのですよ。実は『AT&G』という社名は「Advanced Technology & Global」の略で"最先端の技術をグローバルに"という意味ですが、「明るく（A）・楽しく（T）・元気よく（G）」という意味も込めており、実はそれが当社のモットー。かなり前ですが、『トヨタ』の社長さんがある雑誌のコラムに書かれていたフレーズで、とても感銘を受けたんです。それを自分なりに解釈して、自分の行動指針としています。「明るく」は常にプラス思考でいること、「楽しく」は主体性を持つこと、そして「元気よく」はレスポンスの早さ、俊敏さや大きな声であいさつすることを指します。社長になって2年というひよっこですが、このモットーで己の限界に挑戦し、より良い社会の発展に貢献したいというのが当社の願いです。

（取材／2023年1月）

AT&G サポートプロジェクトの一例

空気から水を生み出す新発想

飲料水の新たな確保手段となり、世界の水事情を根本から解決！

ハイブリッド濾過式水生成装置「エアリス」
（アクアテック株式会社）

東日本大震災以降、自然災害発生時に水道インフラが甚大な被害を受けて断水になるなど、飲料水の安定的な確保が社会的な課題となっている。

『アクアテック株式会社』が開発するハイブリッド濾過式水生成装置「エアリス」は、電源さえあれば、空気から水を分離して飲料水を作り出すことが可能。断水時をはじめ、水道インフラが整備されておらずペットボトルの飲料水を購入せざるを得ない国や地域で、新たな飲料水の確保手段となり、世界の水事情を根本から解決する。

エアリスで得られる未来

1. 水を買う必要がなくなる
2. 将来の水資源の保全につながる
3. 水道のない地域でも水を確保できる
4. 災害時でも飲料水が確保できる
5. 水の備蓄スペースが不要になる
6. 水の確保がより経済的に
7. 水に関する紛争の撲滅につながる
8. 水に起因する死者を減らすことにつながる
9. ペットボトルなどのゴミを減らす（CO_2 削減）

最高品質の水

独自のメカニズムから生成された水は、ミネラルウォーターや天然水と変わらない味・成分を含む美味しい水です。硬度は 10 ～ 15mg/ℓ の軟水。軟水は、まろやかな口あたりで飲みやすく、料理や赤ちゃんのミルクにも安心してご利用いただけます。安全面だけでなく、味に関してもこだわり、最高品質な水を作り出しています

環境に配慮した外装

スタイリッシュな「エアリス」の外装カバーや筐体のプラスチック部品には 100％再生材を使用

日本製だからこその圧倒的充実機能

※商品の機能詳細や特徴は「エアリス」公式サイトにてご確認ください
URL：https://airlith.com/

『人々の未来を支える企業の活動を、SDGsへの取り組みに準じた社会的責任と使命感を持ってサポートしていきたい』と語っておられた竹本社長。社会貢献の意識を持ちながらも研鑽を怠らない『AT&G』さんのプロデュースがあれば、クライアントも心強いでしょうね。これからも"明るく・楽しく・元気よく"歩みを進めてくださいね」

藤森夕子・談

強い向上心で様々な挑戦を続け
職人一人ひとりが輝く企業を目指す

代表取締役 **上田 良助**

special ✕ interview

ゲスト **布川 敏和**

近畿エリア全域で、型枠工事、無収縮セメント工事、土木工事を主軸とした幅広い工事に対応している総合建設会社『上田建設』。若手を中心にベテラン職人も活躍しており、妥協のない仕事で高い評価を得ている。また2023年からはエステ店もオープンするなど、新たな挑戦にも意欲を見せている。そんな同社を布川敏和氏が訪問し、上田社長にお話を伺った。

■ 若くして起業し、直向きな努力で事業を軌道に乗せる

――『上田建設』さんは総合建設会社だと伺いました。上田社長は建設業界を歩まれて長いのですか。

15歳からこの道一筋です。定時制高校で学びながら昼間に型枠大工として働き始めたのが最初で、マンションや高速道路などを手掛ける比較的大きい建設会社を経て、同業でより家から近い会社に移り、さらに4社ほどで腕を磨きました。独立したのは20歳の時で、折角なら若いうちに挑戦してみようと思ったことがきっかけでした。

――お若くして独立されるのは勇気が要ったでしょう。

ただ、もし今踏み出さなければきっともう独立はできないだろうと思いましたし、母も「頑張りなさい」と背中を押してくれたことが大きかったですね。

――独立後は順調に歩めましたか。

当時は独立しても仕事のない職人が多くいて、私もその一人でした。現場の応援に行ってもベテランの職人さんから「お前に何ができるんだ」と言われるのが日常茶飯事でしたね。それでも諦めずに仕事を続ける中で、少しずつ顔を覚えていただけて、仕事を受注できるようになったんですよ。創業して2年後には総合建設会社の監督さんが「手伝いに来てくれ」とお声掛けくださり、さらに大阪府北部地震を受けて耐震補強工事の需要が高まって建材会社様からも直接仕事の依頼を頂けるようになりました。

上田建設 株式会社

大阪府泉佐野市鶴原 2015-8 勝栄ビル 2F
URL：https://uedakensetsu.com

上田建設が手掛けた現場。before・after

――直向きな努力が周囲の方々に認められたのですね。

総合建設業で働く人が輝く企業へ！新たな挑戦にも果敢に挑む

――お仕事が増えると、人材の力が大切になってきますね。

そうですね。スタッフが一番多かったのは私が22歳の時で、ベテラン職人も含めて18名いました。ですが、私自身若くて沢山動けたので、そのスピードについてくることを皆に求めた結果、人が離れていってしまうという失敗を経験しました。それで人には得意・不得意や個性があると気づき、個々のやり方やペースを尊重しようと心掛けるようになりました。さらに、それぞれの得意分野を活かせるように法人化した後から型枠工事だけでなく鉄筋工事や重機の操縦、コンクリート打ちなど様々な工事・仕事に対応できる総合建設業にシフトしていったんです。

――総合建設会社になったのは、職人さんが皆、活躍できるようにするためだったのですね。

さらに得意分野に特化して技術を磨いた職人にはより条件の良い請負で仕事を任せたり、スピードを評価して収入に反映したりしています。ですから、若い人材が伸びやすい会社だと自負しています。今は8名のスタッフが活躍しており、20代・30代の若手を中心に、50代のベテラン職人もいて、若さによる活気や機動力とともに、技術力も当社の強みです。

――失敗も糧に、大きく飛躍されたわけだ。今、メインで手掛けておられるのはどんな工事ですか。

宅地造成です。4年ほど前に隣の現場に来ていた15年来の知人と偶然再会し、仕事を頼まれたのがきっかけで、全国トップクラスの不動産管理会社様から、宅地造成の下請けの仕事を頂けるようになったんです。2022年はこの仕事が9割を占めていましたね。

――偶然の再会からお仕事に繋がるとは、嬉しい驚きですね。それも日頃からの仕事ぶりがあればこそでしょう。

そうであれば嬉しいですね。先方からは「現場が手一杯の時は他の現場は回らなくても良い。逆に現場が少ない時は他の現場にも向かってくれ」とご配慮いただいていて、本当にありがたいです。2年前からは妻が経理を担当してくれており、私は現場に集中できるので、しっかりと仕事でお返ししていければと思っています。

――奥様も事業を支えてくれているのは心強いですね。経営で大事にしていることはなんですか。

どんどんチャレンジしていくことです。現状維持は衰退と同じですし、プラスもマイナスもないならサラリーマンのほうがいい。また、万が一、一度低迷してしまうと、再び軌道に乗せるのはかなり難しいでしょう。だからこそこれからもさらに上を目指して攻めの経営を続けていかなければと考えています。

――さらに上を目指して、攻めていく……素晴らしい姿勢だと思います。何か具体的な展望などはあるのでしょうか。

40歳までに自社で空き地の買取から工事、販売までを一貫してできるようにしたいですね。また、多角経営にも興味がありまして、今後は現場は職人に任せて、私は色んなビジネスに挑戦したいと考えています。その第一歩として2023年1月からトータルエステティックサロン『Beauty House U』をオープンしました。酸素カプセルや産毛・白髪にも効果のある最新の脱毛機器を取り揃え、メンズ脱毛も行っており、老若男女全ての人が美しくなれるサロンなので、ぜひ多くの方にご来店いただければ嬉しいです。

（取材／2023年1月）

after the interview

布川 敏和・談

「お仕事の中で多くの学びを得て、その都度改善し、事業を発展させてきた上田社長。成功を掴んでおられながら、現状に満足することなく新しい挑戦を続けておられるところに、さらなる伸びしろを感じました。努力を惜しまない社長ならきっとどんな分野でも成功を掴まれると思います！」

Beauty House U
大阪府泉佐野市鶴原 1833-4 ラフィーネ泉佐野 A203

COLUMN　　　　**最新機器による施術で美と健康を**

今年1月にオープンしたばかりのトータルエステティックサロン『Beauty House U』。「痩せたい」「疲れを取りたい」「綺麗になりたい」といった様々な悩みに応えるLEDシルクライト・光フォト・セルバーン・マグウェーブ・高気圧酸素カプセル・スチームサウナなどの最新機器が充実しており、早くも話題になっている。メンズ・キッズ・レディース脱毛も行っており、老若男女全ての人がキレイになれるサロン。ぜひ訪れてみてほしい。

雑誌をご持参いただいた方に限り、高気圧酸素カプセル
60分 3,300円のところを 2,200円（要予約）に致します。

タレント
布川 敏和

Special ✕ Interview

代表取締役
里中 巧

喜びと感動と安心を――化粧品開発

**▌化粧品開発の奥深さに魅了され
副業として起業し、やがて一本に**

――『エターナル』さんでは化粧品の開発やその原料の開発を手掛けておられるそうですね。まずは里中社長がこの業界に入られるまでの歩みから伺います。

　学生時代は野球に打ち込み、肉体的にも精神的にも鍛えられました。学業修了後は宝石会社の営業マンを経て、学生時代にアルバイトをしていた飲食店の経営者から「新店舗を出すから手伝ってくれないか」とお声掛けいただき、そちらに移りました。その時のお客様の中に美容関係の事業を手掛ける経営者がいらっしゃって、誘っていただいたことから、その方が経営する会社で働き始めたことが今に繋がっています。

――その会社は美容関連のどのような事業を行っておられたのですか。

　化粧品の原料や香料などを扱っている商社でした。全く門外漢でしたが、働きながら化粧品や原料の知識を得たり、多くの方々と交流したりする中で興味が湧いていったんですよ。そしてある時、興味深い化粧品原料を見つけたので、自分でも商品サンプルを作ってみました。

――それはどんな商品だったのですか。

　ヒアルロン酸にケイ素を結び付けた化粧品です。ヒアルロン酸は肌の表面を潤しますが、なかなか肌内部には浸透しません。ですがケイ素を化合させることにより、肌の酵素とケイ素が反応し合うことで、肌内部に浸透して保湿するんです。従来のものより保湿力が高く、「きっと人気が出る！」と100本作り、1本800円で販売しました。ところが当時は宣伝のノウハウがなく、全く売れませんでし

たね（苦笑）。

――折角いい商品だったのに、ほろ苦い経験をされたのですね。

　薬事法に則りつつ、お客様に届くキャッチコピーや商品説明が大切なのだと学びを得ましたね。やがて勤務を続けながら当社を立ち上げ、協力してくれるスタッフと共に副業で化粧品の開発・販売を進めました。ただ、本業が忙しく、なかなか自社に時間を割けなかったんです。それでも飲み会の席などで宣伝しているうちに少しずつ依頼を頂けるようになり、手応えを感じたことから2021年4月に退職して当社一本に絞りました。

**▌周囲の人々への感謝を胸に
個性が輝く商品・サービスを提供**

――御社一本に絞ることに不安はありま

お互いに成長していける関係を目指して

after the interview

仕事において里中社長が大切にしていること——それは、人との関係や繋がりだという。「関わる人と一緒に成長していける関係づくりを目指しています。お互いに win-win の関係を築き、意見を言い合える仲になりたいですね」と社長。そういった関係なら長く付き合いを続けていけるだろうというのが社長の考えであり、お互いに得意・不得意も受け入れて仕事を進めていきたいという。そんな『エターナル』で活躍しているスタッフは現在4名。皆、家族のような関係で、お互いの家を行き来し、社長とスタッフだからといって敬語は使わない。まさに社長が理想とする関係を体現しているのだ。

対談の最後に社長はスタッフさんに向けてメッセージを送ってくれた。「今日という1日は1回きり。その時間を一緒に生きていきましょう。よろしくお願いします」——。社長はこれからもスタッフ一人ひとりを大切に歩み続ける。

「周囲の方々への感謝の気持ちを語っておられた里中社長。その気持ちが原動力となり、よりよい商品開発や事業運営にも繋がっているのでしょう。これからも良質な商品・サービスで、一人でも多くの方々を笑顔にしていただきたいですね。私も応援しています！」

布川 敏和・談

で一人ひとりの個性を輝かせたい

せんでしたか。

ええ。独立に際しては、むしろ家族が応援してくれたんですよ。妻が「サラリーマンとして働いている時間を経営のほうに割けば、もっと事業が広がっていくんじゃない？」と言ってくれたので思い切ることができました。それに加えて、スタッフがサポートしてくれていることも大きな支えです。実は以前、不安から仕事が手につかなくなった時もありましたが、家族やスタッフなど周囲が自然に受け止めて支えてくれたので、気持ちを立て直すことができました。強い気持ちで事業に臨むことができているのは、傍で支えてくれている皆のお陰ですから感謝の思いが尽きません。

——身近な方の支えは何より心強いですよね。改めて御社の事業内容をお聞かせいただけますか。

化粧品・雑貨の製造、化粧品・食品原料の開発販売、化粧品企画、自社商品の販売、CBD の商品企画・原料販売などを手掛けています。「信頼」「安心」「スピーディー」をキーワードに、商品・サービスを通じて喜び・感動・安心をご提供することが当社のモットーです。

——オススメの商品は何ですか。

プロテオグリカンを生詰めにした商品です。保湿力が高く、お客様からもご好評いただいているんですよ。今、棚に並んでいる美容液類は勤務時代にスタッフと一緒に作ったもので 2020 年から販売しているんですが、今後は新商品の開発にも注力していく予定です。

——御社の商品はどちらで購入できるのでしょう。

全国のお客様にお届けするためにも、ネットで販売しています。また、今後は広範囲ではなく、近くにお住まいの方々に向けたサービスにも力を入れていきたいと思っています。その一環として世界に一つだけのオリジナル化粧品の開発・販売を行う予定です。例えば、OEM で作ろうとすると一般的には 1,000 本から、小ロットでも 100 本ですが、これだと個人のお客様には多すぎますよね。ですから当社では、お客様のご希望のロットに対応しつつ、その方のお肌の状態に合わせて成分を選定し、好みのテクスチャーや香りにしたオリジナル化粧品をつくれるようにするつもりです。それをまずは近くにお住まいの方々に向けたサービスとして行っていきたいです。

——最近は性別を問わず美容に興味を持っている方が増えていますし、需要がありそうです。ぜひ実現してくださいね！

（取材／2023 年 1 月）

上の写真は、商品を見ながら話す里中社長とゲストインタビュアーの布川敏和氏。右の写真は社長のご子息やスタッフさんを交えた記念写真。

若さとスピードを
建物づくりを支え

建物の寿命や強度を左右する重要な役割を果たす鉄筋。
そんな鉄筋工事を手掛けているのが『松井鐵筋』だ。
同社では従業員の若さと機動力、スピードを強みに
確かな仕事を続けており、顧客から高く評価されている。
本日はタレントのつまみ枝豆氏が、松井社長にインタビュー。
これまでの歩みや今後の展望などを伺った。

ゲスト
つまみ枝豆

column

『松井鐵筋』が主軸とする鉄筋工事。鉄筋工事は完成した建物からは見えなくなってしまうが、その建造物の骨組みをつくる仕事であり、建物を建てる上で欠かせない仕事だ。コンクリート構造物には必ず鉄筋が使用されており、建物が傾いたり地震によって崩壊したりするのを防ぐ大切な役割を担っている。

建物の強度を支える重要な部分だからこそ、鉄筋工事ではコンクリートを流し込む前に厳しい検査が行われる。万が一、指摘が入れば必ず直さなければ次の工程に移れない。そのため、いかに確かな品質の鉄筋を組むかが求められる。頭も身体もフルにつかわなければいけない難しい仕事なのだ。だからこそ大きなやりがいがあり、その技術・資格は一生モノと言える。

鉄筋工事一筋に研鑽を積み独立
苦労を重ねながら軌道に乗せていく

――『松井鐵筋』さんではその名の通り、鉄筋工事を手掛けておられるそうですね。松井社長はどういった経緯でこの業界に入られたのですか。

父の友人が鉄筋工事会社を営んでおり、私も学業修了後からその方の下で修業を積ませていただいたんですよ。5、6年ほど腕を磨いた後、背中を押してくださる方がいたので、20歳の時に独立起業しました。ですからずっとこの道一筋ですね。

――お若くして独立されたのですね。とは言え、背中を押してくださる方がいたのは、普段からの仕事ぶりが評価されていたからこそだと思います。いざスタートされて、いかがでしたか。

私自身若かったこともあって、独立当初はかなり大変でしたね（苦笑）。失敗も経験し、その度に周囲の方々がサポートやアドバイスをくださったので、挫けずに歩むことができました。今振り返っても本当に感謝の思いが尽きません。そうして下請けからスタートし、努力を重ねる中で少しずつお仕事を頂けるようになり、3年前に土場を持ったことで安定しました。

――やはり土場を持つと、良い変化があ

りますか。

そうですね。それまで以上に金額の大きな現場を任せていただけたりするので、仕事に有利だと思います。また、仕事の増加に伴い、従業員も増えていきました。とは言え、良い時も悪い時もあるのが仕事ですから、これからも油断せず着実に足元を固めていきたいと考えています。

――安定した仕事量を確保するのは、本当に大変なことだと思います。

同業他社が多いと自然と競争が激しくなりますし、私自身若さを侮られてしまうこともあるので難しい部分はありますね。ですが、若さは当社の大きな強みの一つです。若いからこそ機動力に優れており、スピードに自信があります。また、一度お断りすると折角の次に繋げる機会が失われてしまいますから、当社では忙しくても、多少金額が見合わないという時でも、できる限り仕事を引き受けるようにしています。

――断らないスタンスや、機動力・スピードという差別化で事業を発展に導いてこられたわけだ。

若い人材を積極的に雇用し
さらなる事業成長に向けて歩む

――今、従業員さんは何名おられるので

強みに安心安全なる鉄筋工事の匠

株式会社 松井鐵筋

岐阜県岐阜市西中島5丁目5番19号　TEL：090-5606-7205

岐阜県出身。学業修了後、鉄筋工事の仕事に就き、腕を磨いて20歳の時に独立起業した。苦労もあったが、誠実な仕事を続けて信頼を築き、事業を軌道に乗せた。現在は一般住宅から大型施設・店舗まで様々な建物の鉄筋工事に対応しつつ、人材育成にも力を入れている。

代表取締役

松井 陽太

すか。

　13名在籍しています。私も事務や営業をこなしながら、今も現場にも出ていますよ。私は追い込まれると俄然やる気が出るタイプなので、働きたいという子がいれば採用して、それから仕事を確保するというスタンスなんです。事務を手伝ってくれている妻からは、「今はちょっと雇用しすぎだよ」と言われたりすることもあるんですが、人材がいてくれるほうが皆のために頑張らなければと力が湧きますね。

──従業員さんに対する気持ちがとても強いのですね。

　以前には中学校を卒業したばかりの若者を一度に4名採用したこともあります。とても若く、社会人としてはまだまだ成長途上ですが、そういう若者を当社で一人前に育ててあげられればという思いがあるんですよ。残念ながらその後、皆退職してしまったのですが（苦笑）、とりあえず1人でも残ってくれればという大きな気持ちで、これからも積極的に若手の人材を採用していきたいと考えています。

──包容力がありますね！　だからこそ若い方々も社長の元に集まってくるのでしょう。今は建設業界全体が若手不足と言われていますが、御社ならこれからも安心だと思います。ところで、御社では

どういった現場に入られることが多いですか。

　一般住宅の他、大手ハウスメーカー様ともお付き合いがあるので、工場や老人ホーム、ドラッグストアなど、大きな現場にもたくさん入っています。県内外を問わず、どこの現場でもなるべく対応しているので、ある程度従業員の数も必要なんですよ。

──なるほど。近年は、一つの工事をきっかけに仕事の幅をどんどん広げていかれる建設会社が多いですが、御社もさらに事業柱を増やしていかれるのでしょうか。

　まずは鉄筋工事で土台をより盤石にしてからの話になりますが、いずれはそうしていきたいと考えています。やはりスケジュールに空きができるともったいないですし、鉄筋工事以外に従業員の可能性を広げるためにも何か新しいことに取り組んでみたいですね。ちょうど住宅の基礎工事を手掛けている友人がいるので、そちらと協力しながら鉄筋工事から基礎工事まで一貫してできればと思っています。

──そうなればさらに事業の成長に繋がりそうですね。実現される日を私も楽しみにしています。陰ながらではありますが、これからも応援しています！

（取材／2023年2月）

after the interview

つまみ枝豆 （タレント）

「一般的な建設業の職人さんというイメージよりも、柔和で穏やか雰囲気を持つ松井社長。人材を大切にする姿勢など、社長ならではの魅力や人柄も、多くの若者が集まってくる所以だと思います。社長が背中を見せることで『こんな人物・経営者になりたい』と感じる若者も多いと思います。これからも沢山の若者とご縁を結び、その成長を促していってくださいね」

BEFORE

AFTER

株式会社 岐阜外装

岐阜県可児市二野 1802 番地 1
URL：https://gifugaiso.co.jp/

感謝されることが原動力──
職人仕事でお客様の喜びを生み出す

外部工事や板金・屋根・外壁リフォーム工事などの住宅に関する工事を幅広く行う『岐阜外装』。「お客様に感謝される仕事がしたい」と語る三宅社長は誠実に仕事に向き合いながら新たな挑戦を続け、同社のさらなる成長を見据える。本日はタレントのつまみ枝豆氏が訪問し、お話を伺った。

代表取締役　三宅 伸明　×　ゲスト　つまみ枝豆

──三宅社長はこれまで建築の道一筋に歩んでこられたのですか。

　はい。10代でこの業界に入り、独立するまで同じ建築事務所に勤めました。独立心は予てから持っていましたが、私が業界に入った当時は10年経験を積まないと職人として認めてもらえないような風潮があったので、そのつもりで現場で腕を磨きましたね。そして10年の修業を経て『三宅美装』を立ち上げてこの度、社名を『岐阜外装』に変更し、法人化を果たしました。当社は外部工事、サイディング、板金・屋根・外壁リフォーム工事など住宅に関する工事を幅広く手掛けています。

──会社を始められて、いかがでしたか。

　私1人でのスタートで大変な時もありましたが、独立してよかったと感じています。会社勤めだと自分が思うように動くことは難しいですが、私は新しいモノを創り出したり、考えたりするのが好きなんですよ。50％でも成功する可能性があるなら挑戦したいのです。そのためにも基盤を固めるべく軸となる事業はいくつか作っておきたいですね。例えば、外装工事を事業の柱に据えた上で、木で作ったまな板や椅子の販売です。これま

で職人として培った技術を活かせば、上質な製品を作れるのではないかと思いました。そのために、新しい機械を導入したんですよ。

──引き出物として木のまな板をもらったことがありますよ。縁起物としても使えそうでいいですね。

　そうなれば嬉しいですね。それに、木製は劣化しても表面を削れば生まれ変わるので長く使えますよ。私は新たな仕事を創り出すのが好きですから、従業員もやりたいことがあれば失敗してもいいので挑戦してほしいですね。失敗は誰にでもあるものですから。

──失敗を恐れて挑戦しなければ、新たな道を切り開けませんからね。法人化は今後のために？

　独立して10年という節目、そしてインボイス制度に備えるために法人化を果たしました。今は従業員が3名で、応援が必要な場合は協力会社さんに現場に入ってもらっています。助けてくださる人が周りにいて、心強い限りですね。

──今後、さらなる目標はお持ちですか。

　会社の規模を拡大させたいという想いもありますが、それ以上にまず当社はお客様に感謝される仕事を何より大事にし

たいんですよ。お客様から「ありがとう」が聞ければそれでいい、結果は後からついてきますから。感謝の気持ちを忘れず、お客様のために仕事に向き合い、結果を出して家族や従業員と喜びを分かち合いたいですね。また、当社で働きたいという方が増えてくれると嬉しいです。

（取材／ 2023 年 2 月）

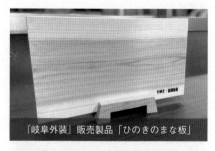

『岐阜外装』販売製品「ひのきのまな板」

「一つの事業にとらわれることなく、新しい事業にも積極的に取り組む姿勢をお持ちの三宅社長。挑戦を続けながら顧客に寄り添い、信頼を重ねる『岐阜外装』さんの未来は明るいでしょうね！」

つまみ枝豆・談

匠

工事の安全と建物の永続
健やかな営みを願って
～時代や国を超えて受け継がれる建築儀礼～

建築工事の着工や、主要工程が完了した際に行われる様々な儀式「建築儀礼」。建築儀礼には工事の安全を祈ると共に、建築物の永続、さらには建築主である家族や共同体の将来の幸福を願う意味が込められている。

こうした建築儀礼は日本だけでなく世界各国にも古くからあり、現代でも大切に行われている。

日本で一般的に行われている建築儀礼の一部を例に挙げると、敷地を塩で清めて土地の神を祀る「地鎮祭」、土台になる場所を突き固める「地つきの行事」、小屋組みの終わったところで行われる「棟上げ式」などがある。

こと「棟上げ式」に関しては、棟に大きな竹の弓を立て、あるいは扇子、麻緒、男女の帯などの道具を飾り、親類や近隣の人々を手伝いに招いて、屋根から銭や紅白の餅を撒く。大工に対しては家主又は親類が大工ぶるまいと称して酒食を贈る習慣がある。儀礼はさらに続き、屋根葺きの後の「ふき籠り」、新築された家の周りを巡る「家見」、新しい家に引き移る「屋移りの行事」などに至る。また建築工事だけでなく、橋梁などの土木工事や造船工事などにおいても、「渡り初め」「進水式」といった類似の儀式が行われる。

これらの儀式にはどんな意味があるのか。それは建築という行為について改めて考え直すと自ずと見えてくる。建築とは樹木や草、石、土などの自然物を利用して自然空間を文化的空間に変えることだ。建築儀礼とは儀礼的行為によって石や木などの建築材料に対して、又はそれらを支配する神や大地の神などに対して感謝を述べて許可を得る意味合いがある。また実際的な意味では、建築期間中の近隣住民との交流や大工への感謝などが、家主とその土地の人々との結びつきを深めることや、家主から土地の人々への「私たちもここに根差して生活していきます」という一種の挨拶につながるのだろう。そう考えれば、建築儀礼が大切な文化として時代や国を超え、守り継がれてきたことも頷ける。

初心忘るべからず

誰しもが一度は耳にしたことがあるであろう故事、「初心忘るべからず」。この言葉を生み出したのは、室町時代初期に生きた能役者・世阿弥（1363-1443）であることをご存じだろうか。現在この故事は、何事においても始めたころの謙虚で真剣な気持ちを持ち続けていかねばならない、という戒めとして言われているが、本来世阿弥が意図したのは少々異なる。

世阿弥によって著された伝書『花鏡』。1424年に成立したと言われているこの書の結びに、その言葉はある。

しかれば、当流に万能一徳の一句あり
初心忘るべからず
この句、三ヶ条の口伝あり
是非初心忘るべからず
時々初心忘るべからず
老後初心忘るべからず

是非初心忘るべからず、とは、自身が未熟であったころの芸を忘れてはならないという戒めだ。世阿弥が著した能芸論書『風姿花伝』では、役者として節目である24,5歳のころの心を一つの初心とし、それについて次のように記されている。

（前略）これも誠の花には非ず。年の盛りと、見る人の、一旦の心の珍しき花なり。眞の目利きは見分くべし。

この比の花こそ初心と申す比なるを、極めたるやうに主の思ひて、早や、申楽にそばみたる輪説をし、至りたる風體をする事、あさましき事なり。たとひ、人も讃め、名人などに勝つとも、これは、一旦珍しき花なりと思ひ覺けて、いよいよ、物まねをも直にし定め、なほ、得たらん人に事を細かに問ひて、稽古をいや増しにすべし（後略）

世阿弥は、「このころに自身の芸をもてはやされたとしても、それは、若さなどの物珍しさから一時的に注目されているだけに過ぎない。それをわからず、芸を極めたかのようにふるまうのはあさましい」と述べている。この時期に調子に乗らず、自身の未熟さを心に置き続けることで、後にそこから向上した芸を正しく認識できるのだという。

この意味は現在の故事にも通ずる部分が多分にあるが、ほかの二ヶ条については少々様相が異なる。

時々初心忘るべからず、とは、若いころから老後に至るまで、その時々に存在する初心を忘れてはならない、ということだ。若者には若者の、老者には老者の初心があり、その時分ごとに合った芸を磨く。そうすれば、その一つひとつが自身の糧となり、芸に幅が出るというのだ。

最後の、老後初心忘るべからず、では、老者への戒めを語っている。世阿弥曰く、

（前略）命には終りあり、能には果てあるべからず。その時分時分の一体一体を習ひわたりて、又老後の風体に似合ふ事を習ふは、老後の初心也（後略）

とし、老者だからといって自身の芸が極まったと思わず、その時の自分に合う芸を習い、限りない芸の向上を目指すべきだという。

世阿弥はこれらの三ヶ条を「当流の奥義、子孫庭訓の秘伝」とし、「比心底を伝ふるを、初心重代相伝の芸安とす」と定めている。

世阿弥略歴

もともと能楽は「猿楽」と呼ばれていた。「猿」とは「散」の当て字であり、8世紀ごろに中国から伝わった「散楽」が、能の起源である。散楽には、曲伎（アクロバット）、幻術（マジック）、そして滑稽芸（お笑い）があり、後に滑稽芸だけが残って現在の能・狂言と成ったという。

元来猿楽は、雅楽などの宮廷音楽に対して、猿楽法師という賤民によって見世物として行われるものであり、主に神社の祭礼や寺院の法会などの宗教行事における余興であった。そのような民間芸能が、13世紀ごろから演劇的構造をそなえるようになり、猿楽能として発達していった。そして、14世紀に入り登場したのが、観阿弥・世阿弥父子である。彼らにより猿楽は芸術として完成を遂げ、「能楽」といういう名で現代にまで残る芸能となった。

また、観阿弥のころから、役者が作品を書くことが増えていく。世阿弥の代になると、創作はもちろん芸風もさらに洗練され、「複式夢幻能」という戯曲形式の完成にまで至る。この「複式夢幻能」は、現代においてもっともポピュラーな形式の一つと言えるであろう。

こうした歴史的背景から、世阿弥の身分は決して高くなく、むしろ差別の対象になることがあった。世阿弥が少年だったころ、彼を寵愛した足利義満に対して、時の貴族であり内大臣でもあった三条公忠は、自身の日記で次のように記している。「大樹（義満）は世阿弥という『児童』を寵愛しているが、この者は『散楽者』であり『乞食の所行』する者である」と評し、義満の行いを批判している。

能芸論書・『風姿花伝』

世阿弥は約80年の生涯を通し、父・観阿弥の遺訓にもとづいた能芸論書・『風姿

日本の代表的な伝統芸能である能楽。その能楽を芸術として完成させたと言われるのが観阿弥・世阿弥父子である。彼らは能役者としてはもちろん、脚本や謡曲の作者・作曲者としても多くの業績を残した。さらに、息子・世阿弥は、能芸論書である『風姿花伝』の著者としても知られる。本稿では、世阿弥の能芸論の主題の一つ "花" に着目し、世阿弥の著書からその意味を読み解く。

花伝』を著している。そんな『風姿花伝』の中で主題の一つと言えるのが「花」だ。『風姿花伝』という書名について世阿弥は、次のように記している。

（前略）殊さら、この藝、その風を繼ぐといへども、自力より出づる振舞あれば、語にも及び難し。その風を得て、心より心に傳はる花なれば、風姿花傳と名附く。

ここで言う「風」とは古来の伝統のこ

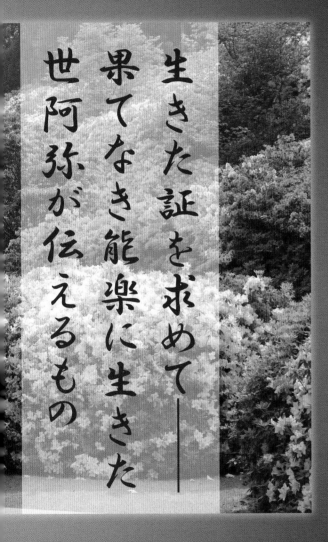

生きた証を求めて──果てなき能楽に生きた世阿弥が伝えるもの

とであり、風を継ぐとは即ち伝統を引き継ぐということ。しかし世阿弥はそれだけでは足りないという。自身が培ってきたものがあっての芸であり、これを言葉で伝えるのは難しい。つまり芸とは、伝統を引き継ぎ、心から心に伝えられる花があって成り立つ。そこから世阿弥は、書名に『風姿花伝』と名付けたのだ。

では、この「花」とはいったい何なのか。世阿弥は、時分の花は誠の花ではないという。先の初心の項でも触れたが、若いころにもてはやされるのは珍しさによるものに過ぎず、それはあくまで「時分の花」であり、「誠の花」ではない。世阿弥はさらに、『風姿花伝』の中で次のように戒める。

（前略）時分の花を誠の花と知る心が、眞實の花になほ遠ざかる心なり。ただ、人ごとに、この時分の花に迷ひて、やがて、花の失するをも知らず。（後略）

時分の花を本当の花だと勘違いしてしまうと、誠の花を失ってしまうというのだ。

では、誠の花とは何であるのか、その手掛かりとなる部分を次に記す。後に筆者による現代語訳も添える。

（前略）この道を極め終りて見れば、花とて別にはなきものなり。奥義を極めて、萬つに珍しき理を我と知るならでは、花はあるべからず。（中略）本來より、よき・あしきとは、何をもて定むべきや。ただ、時によりて、用る物をばよき物とし、用足らぬをあしき物とす。この風體の品々も、當世の數人、所々に亙りて、その時の遍ねき好みによりて取り出す風體、これ、用足るための花なるべし。此処に、この風體を翫ば、彼所に、また餘の風體を賞翫す。これ、人々心々の花なり。いづれを誠にせんや。（後略）

（前略）この道を極めた今考えてみると、花とは特別なものではない。奥義を極め、万の珍しいものの理を知らなければ、花は得られない。（中略）本来、善悪とは何もをって定められるというのか。ただ、その時々に足りるものを善しとし、足りないものを悪しとするだけだ。能楽の風体は一つだけではなく、様々な土地や時代を生きる人々、それぞれの好みに合わせて種々の風体を用いる。それこそが、用に足る花だ。ある場所ではある風体が楽しまれ、別の場所では別の風体が称賛される。これこそ、人々心々の花であり、果たしてどれか一つを誠と言えるだろうか。（後略）

世阿弥は、花は特別なものではないという。さらに、善悪を定めることに疑問を呈した上で、様々な時代、土地に生きる人々はそれぞれ好みがあり、役者としてそれに応じた芸を披露するのが用に足る花、つまり人々に愛される芸であると記す。そして、人々一人ひとりにもまた花があり、どれか一つを誠の花とすることはできないのだと世阿弥は言う。

誠の花

さて、改めて世阿弥のいう花について考えてみる。ここから先はあくまでも筆者の解釈であるため、読む人一人ひとりが花の解釈をしてただきたい。

筆者が花について考えるにあたって、『風姿花伝』の中で注目した部分がある。それは、世阿弥が父・観阿弥の晩年について記した部分だ。

観阿弥は亡くなる直前、駿河国・浅間神社の御前において法楽を奉納した。その姿を世阿弥は、「物数をば早や初心に譲りて、やすき所を少な少なと色へてせしかども、花はいや増しに見えしなり。これ、誠に得たりし花なるが故に、能は枝葉も少く、老木になるまで、花は散らで残りしなり。これ、目のあたり、老骨に残りし花の證據なり」とし、老体の父に誠の花を見出している。

これは、先に紹介した初心の項にある「命には終りあり、能には果てあるべからず」にも通ずる。たとえその人が死して身体が朽ちようとも、永遠と続くもの。その人が生きた証であり、その人がその人たる証。それこそが花なのではないだろうか。

作家や、画家、作詞家作曲家、演奏者などの表現者とも呼べる人々が残す作品たちの中で、長年愛されているものは数知れず。そして、スポーツ選手や、国や会社を統べる人々も然りで、その人が死してもなお、彼らが守り、愛した組織や功績は生き続ける。

大きな花でなくとも、「これが私なのだ」と、他者から見て、「あなたらしいね」と、そう言われる何かを得たいと思う。今この文章を書いている自分自身、"自分の花"が何であるのか、まだ見つけられていない。どんなに小さくても、"私"という花を得られたら、自分が今生きている意味を見出せるのではないか──そうして見つけた花は、きっと何よりも美しいことだろう。

家永三郎　『日本文化史 第二版』　岩波書店、1982年。
世阿弥　『風姿花伝』　岩波書店、1958年。
松岡心平　「第4章 能・狂言の成立の背景」独立行政法人日本芸術文化振興会 国立劇場調査養成部編『日本の伝統芸能講座 舞踊・演劇』淡交社、2009年。
世阿弥著・水野聡訳　『現代語訳 風姿花伝』 PHP研究所、2005年。

〜会社の道標〜
経営理念

多くの会社には、経営者が打ち出した「経営理念」があり、組織としての方針や担うべき役割が集約されている。しかし、日々の業務に奔走する中でそれについて立ち止まって見つめ直す機会は、少ないのではないか。昨今では経営理念自体を持たない会社もあるなど、意識レベルはまちまちである。

人は大なり小なり、ある程度の行動理念のもとに動いているが、会社・企業も同様に「経営理念」というものを表明し、それに基づいて事業を運営していることが多い。とりわけ、明治末以前に創業した老舗企業においては、約80%が経営理念（社訓、社是なども含む）を掲げている（2008年『帝国データバンク』調査）。

また、会社の案内パンフレットやホームページなどを見ても、しばしば冒頭で紹介されているのが経営理念だ。言わば、社名と同じ"看板"のように扱われているとも見れる。何故、経営理念がこれほど重要な位置に置かれているのか、順を追って考えていきたい。

◆ 経営理念とは

まずは、「経営理念」とは何なのか、から確認していく。

「理念」という言葉が示す通り、経営理念とは、会社が目的とする倫理・価値・使命を表すものだ。平たく言えば、「会社が何のために存在しているのか、経営をどういう目的で、どのような形で行っていくのか」の、基本的な姿勢というところ。大企業や老舗企業の場合、多くは経営者が創業と同時、もしくは草創期に設定したもので、長く受け継がれてい

る。経営理念が個人的な行動理念と異なるのは、ただ持っているだけではなく、それを明文化して、内外に発信することで、初めてその定義にはまるというところだ。

◆ その必要性

会社がある程度の組織であれば、様々な個性や考えを持つ社員がいて当然だろう。しかし、その一人ひとりが個性に任せて動いていては収集がつかなくなる。経営理念はそうした社員の意識を統一し、進むべき方向、ベクトルを共有するための一つの指針で、いわば企業活動の原点にあたると言ってもよい。

会社の存在意義を示すだけではなく、社の目指す将来像をより明確にする"ビジョン"にもなり得、経営戦略などにおけるベースや指針として考えられることが多い。

経営理念を持ち実践することで、具体的に見込める効果としては、以下のようなものが挙げられる。

・信頼性の向上

自らが定めた経営理念に沿った行動や決断をすることで、経営者に対して、「考えがブレない人だ」「この人になら付い

ていこう」との評価がなされ、社の内外を問わず信頼度が増す。

・組織としての一体感の醸成

共通の目的・価値を追うには、一人ひとりの協調が不可欠だが、そこに対する努力の積み重ねが、会社全体の団結力や一体感を養っていく。

・社員のモチベーションアップ

果たすべき責務や、目指すべき目標がはっきりとしていれば、社員一人ひとりが自覚を持って、高いモチベーションを保ちながら事業活動に取り組むことができる。

・行動規範の確立

会社としての基本姿勢を経営理念によって明確に定めることで、ルールや習慣付けがより整然かつ体系的になされるようになる。

昨今は実益尊重の風潮が高まっているせいもあってか、経営理念（社訓、社是なども含め）のような一見抽象的な概念は軽視される向きも否めない。特に中小企業や、比較的近年に立ち上がった若い会社などでは、経営理念がないというところも珍しくない。確かに、人数が少な

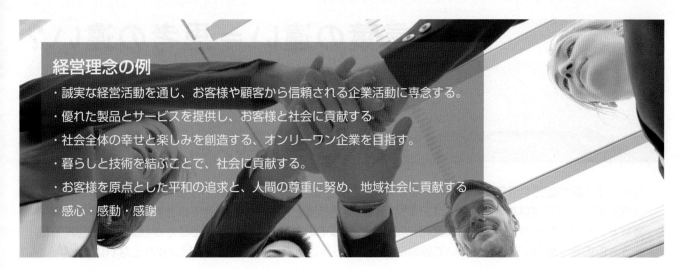

く小規模な会社では、改めてそうしたことを謳う必要性自体を感じにくいかもしれないが、経営理念がない状態で会社として歩み続けていくとどうなるか……。恐らく、経営理念が示す会社の存在意義や、将来へのビジョン、また判断基準など、色々なことが不明瞭のままになる、または、最初は分かっていても時間の流れの中で風化してしまうなどの懸念は拭えないだろう。会社として長く歩んでいく中では、是非とも経営理念を明確にしておきたい。

◆ 浸透・周知が必須

経営理念の形式は会社によって様々で、たとえば「信頼と礼節」といった具合に、わずかな単語や、数文字の漢字のみで表しているところもあれば、文章で何ページにもわたって綴っているところも。よく見る形としては、重要な項目をいくつか列記し、その下に個々についての具体的な詳述がなされているものなどがある。

ただ、いかに立派な経営理念を明文化しても、それを発信し、内外に広く浸透させなければ意味がないというのは、既に述べてきたところだ。

浸透・周知を図る方法は会社によって千差万別だろうが、ここではいくつか例を挙げてみたい。

・唱和

朝礼などで、全社員が唱和するという方法。毎日行うことで、文言が自然と定着するところが利点。文言の意味を一人ひとりが日々の業務に当て込んで理解することに努めるのが理想だろう。

・掲示

社内の目に付きやすい場所に掲示することで、定着を図る方法。実際に業務に集中する現場よりは、エレベーター内など、ゆとりを持ってじっくり目を向けられる空間に掲示したほうが効果的かもしれない。

・配布物

経営理念が盛り込まれた社内誌やリーフレットなどを配布する方法。定期的に配布する中で、マンネリ化しないようにデザインや内容に工夫が必要だろう。

・研修

ベテランやOBなどによる研修を行い、経営理念の真意を社員に根付かせる方法。新入社員はもちろん、社歴のある者も共に参加し、新鮮な気持ちで取り組むと、より深い理解が得られるだろう。

——個人的な体験談で恐縮であるが、"研修"に関して筆者は、かつて勤めていた総合家電メーカーで良い経験をさせてもらった。

創業者の足跡から順を追い、経営理念に込めた思いに帰結する内容で、哲学的でありながらも、創業者の直向きな情熱が伝わって、感銘を受けた。1回約半日の研修を、日を分けて2回行い、2回目では、経営理念を業務のフィールドでどのように実践したかについての発表を各々がレジメを用いて行った。筆者は、勤めて既に数年が経つころだったが、それまで経営理念については、朝会での唱和のみで、それ以上の具体的な説明を受けたことはなかった。右も左も分からない新人のころではなく、ある程度仕事が

板に付き、会社や仕事に対する自分なりの意見をそれなりに持っている段階だったことが、自身の価値観との擦り合わせにもなり、非常に有意義に思えた。

経営理念を「自分のもの」として捉えて主体的に考え、動き、実践する。そうした取り組みにつなげることが重要だ。

◆ 時代に応じた形を

また、一度定めた経営理念を、長く貫く姿勢が理想的であることに変わりはないが、それが移りゆく時代にフィットしたものでなければ意味がない。同じ文言でも、その時代に即した新たな定義や解釈の仕方を見出したり、時には新たな方向性を設定したりすることも必要だろう。経営理念が時代と共に形骸化し、現実と乖離していくことだけは避けたい。

とは言え、序盤でも触れたように、会社にとっての"看板"にも近い経営理念をそう頻繁に変えるわけにはいかないので、経営者は常に敏感にアンテナを張って、そのタイミングを見極めなければならないだろう。

★★★

経営理念と実際の事業活動が真にリンクし、「流石、○○と謳っている○○社だ」との声が社会で広く上がるようになれば一番嬉しい。自社の経営理念を鑑み、会社が、社員が、それに則った姿勢で動けているか。反省することも大切であるし、一方では他社を同じ視点で観察してみるのも良いかもしれない。

会社全体が思いを一つに、発展を続けていく。経営理念はその地盤としてなくてはならないものに違いない。

■

言葉の違い＝思考の違い？
「言語相対論」を知り
異文化理解のヒントに

使用する言語が認知や思考に影響を与えるとする、「言語相対論」という考え方がある。影響の程度については研究者によって諸説あるが、例えば日本語話者と英語話者とスペイン語話者ではそれぞれ思考や世界観が異なる、といったものだ。つまり異文化を知るためにはその文化圏の言語を知ることが必須、とも言えるだろう。ここで「言語相対論」について簡単に知ってもらうことで、異文化理解の足がかりとなれば嬉しい。

言語が思考に影響

バイリンガルの人が、「英語を話す時と日本語を話す時では性格が変わる」と言っているのを聞いたことがないだろうか。これは、「話者が英語モードに入っているから」という、気分の問題だけで説明できるような単純なことではないらしい。使用する言語が人の認知や思考に影響すると考える「言語相対論」という説があり、一つの学問的なテーマとして研究されている。アメリカの言語学者E.サピアならびにB.ウォーフの著作の中にその主張がみられることから、「サピア＝ウォーフの仮説」と呼ばれることもある。

「言語相対論」は大きく強い仮説と弱い仮説に分けることができ、強い仮説の場合「言語によって思考が決まってしまう」という、やや極端な立場を取る。一方の弱い仮説では、「決定はしないが、言語が異なれば思考に影響を与える」という立場だ。一体、言語の違いがどう影響を与えるのか。いくつか例を出したほうが分かりやすいだろう。

「左右」という言語を持たない人々

オーストラリアのアボリジニのクゥク・サアヨレッテ族の言語には、「右」「左」の言葉がない。あらゆる位置や方向を、「東西南北」の方角で言い表すという。例えば「今日はどちらのほうに行くの？」と尋ねれば「北北東のほうへ」と答え、「私の服はどこにある？」と聞くと「あなたの北側にあるよ」という風に答える。また、アマゾンの先住民ピダハンにも、左

右、色、数などの概念が存在しないそうだ。そのため、左に進むと村長の家がある場合、「川の上流に向かって進むとある」など、外部環境と位置関係で説明するという。左右の概念が定着している言語を使う人とは方向の認識の仕方が異なるため、当然思考にも違いが出てくるだろう。

そういえば筆者が子どものころ、親から「お箸を持つほうが右」（右利きなので）という定番の説明を受けて、理解できなかった覚えがある。最初に教えられた「お箸を持つほう」が玄関の側だったため、しばらく後に「右はどっち？」と再度尋ねられた時に、玄関のほうを指差した。しかし、その時は自分の位置から見ると左方向に玄関があったのである。当然「違う」と訂正されたが、さっきと同じ向きを指したにもかかわらず違うというのが、何故なのかよく分からなかった。先の2つの民族や私の幼少期の例では、ある意味で絶対的な方向だと言える。一方「左右」は、本人が少しでも体の向きを変えれば変わってしまうため、相対的な方向の捉え方だと言えそうだ。

身近な言語でも相違がある

先の例は日本語とは極端に言語が違った。ではもう少し身近な言語で、英語はどうだろうか。

川端康成『雪国』の冒頭、「国境の長いトンネルを抜けると雪国であった」という一文。情景を思い浮かべてみてほしい。主語が明確には記されていないが、汽車に乗っている乗客の視点で、トンネルの出口あたりから雪国が広がっている

景色が浮かばないだろうか。一方、川端作品の翻訳を多く手掛けたエドワード・サイデンステッカーの英訳は以下の通り。「The train came out of the long tunnel into the snow country（その列車は長いトンネルから抜けて雪国に出てきた）」。「汽車」が主語として書かれている。これらを読んだ人たちに、思い浮かべた情景を絵に描いてもらう実験では、日本語の場合は乗客視点から描いた絵だったが、英語の場合は汽車がトンネルから出てくるのを上空から眺めている絵になったという。

『雪国』の例は意味自体はほぼ同じだが、微妙にニュアンスが異なる。別言語の話者同士でコミュニケーションを取ると、わずかなニュアンスの捉え方の相違などが重なり、誤解などに発展する可能性があることは想像に難くない。

言語が与える思考への影響は、決して小さなものではない。そのため異なる言語を学ぶことは、異なる文化を学ぶということにつながる。新たな思考方法を獲得するために、母国語とは違った言語体系を学ぶことも面白いだろう。また、海外から技能実習生を招く経営者も増えている中、「言語相対論」というワードを意識すれば、彼らとのコミュニケーションの円滑化や、異文化理解のヒントになることだろう。

《参考 WEB》・「ツギノジダイ」　・「好書好日」　・「Share Study」　・「ロボえもん」 他

企業の理念を象徴する
深遠なる"ロゴ"の世界

■ ロゴが持つ力

身のまわりの物や街中の看板など、ありとあらゆるところで目にする"ロゴ"。馴染みのある企業ロゴであれば、それを見ただけで、その企業が提供する商品やサービスのイメージが、瞬時に思い描けるのではないだろうか。たとえば『ルイ・ヴィトン』のロゴを目にすれば、多くの人が高級感をイメージすることだろう。

そのようにロゴは、企業のコンセプトや経営理念を社内外に浸透させる上で大きな役割を担っている。しかし、実際にはロゴを有効に活用できていない企業も多い。そもそもロゴをつくっていない企業もあれば、つくり込む時間がなく、暫定的に用意したロゴを長く使用している企業も少なくはないかもしれない。そんな企業にぜひともお勧めしたいのが、ロゴの新規制作・リニューアルだ。

■ デザインが印象に強く残る"ロゴマーク"

ロゴ制作を行う上で、まずは基本知識を押さえておこう。ロゴと一口に言っても、そこには大きく分けて二つの種類が存在する。その一つが、イラストや図形でデザインした"ロゴマーク"だ。形や配色で創意工夫を凝らすロゴマークは、他社との差別化を図ることができ、企業コンセプトを伝えやすく、また消費者の印象に残りやすい特徴を持っている。

たとえば、人魚の絵が描かれた『スターバックス』のロゴマークは印象的だろう。ギリシャ神話に登場する人魚「セイレン」をモチーフとしたこのマークは、美しい歌声で船人を魅了するセイレンのように、「コーヒーの香りで人々を魅了したい」という想いが込められている。

また、三つの楕円で構成される『トヨタ自動車』のロゴマークも広く知られるものだろう。大きな楕円の中にある縦と横の楕円は「T」をかたどっているが、目を凝らせば「O」や「Y」にも見える。このマークは「お客様の心と車づくりが一体になった信頼感」を表しているという。

■ 名前を覚えやすい"ロゴタイプ"

そして、もう一つのロゴの種類が、社名のフォントをデザイン化した"ロゴタイプ"。ロゴマークと比較するとインパクトは劣るが、社名を全面に打ち出しているため、一度認知されればその名前は記憶に残りやすい。社名自体をブランディングする場合は、ロゴタイプを重用したほうが効果的だろう。

ロゴタイプで有名なものと言えば、『Google』が挙げられる。一見するとシンプルだが、実際は幾度もの変更を経ており、現在のロゴはあえて複雑にしないことで"なんでもできる"ことを強調している。また、3原色を基調としながら「L」に緑を用いることで、ルールに縛られない自由な発想力を表現しているそうだ。

その他、大手通販サイトである『アマゾン』のロゴタイプも、よく目にするもの。「amazon」の文字の下には黄色の矢印が描かれており、笑顔をかたどるそのラインには「顧客を満足させたい」という意味が込められているという。また、その矢印は社名のaからzを指しており、「AtoZ」、つまりはどのような商品をも取り揃えるという意味を含んでいるのだ。

■ ロゴのカラーと書体

そうした二種類のロゴの特徴に留意しながら、次はロゴのデザインを考えてみよう。カラーは消費者に与えたい印象に合う色、及びコーポレートカラーを軸にすることになるが、なるべく同業他社との差別化も心がけるべきだろう。また、白黒印刷や忠実性の低いファクシミリ、あらゆるサイズや背景色などでも機能しなければならないため、色味に頼らず、細かすぎない柔軟なデザインも求められる。

その他に、書体の選択も重要だ。筆記体にはアーティスティックな印象があり、セリフ体には堅実・厳格な印象が感じられ、丸サンセリフ体には遊び心がある。そうした書体の個性を、ターゲットや自社のパーソナリティなどによって、使い分ける必要があるだろう。たとえば、『グリコ』は新企業理念を制定した1992年、それまでのゴシック体から現在の筆記体のロゴへのリニューアルを行っている。そうすることで同社は、「人のもつ創造性を大切にしていく姿勢」と共に、「人と社会のふれあいや絆をもっと深める」という願いを、すべての文字がつながったロゴを通して社内外に発信したのだ。

■ アイデンティティの象徴

実際にロゴが導入及びリニューアルされるのは、新事業の展開や経営陣の刷新、創立○○周年などの節目に行われるケースが多い。ただし、ある程度認知を獲得しているロゴをリニューアルする場合は、相応の覚悟が必要になるだろう。

そんな中、ユニークなのが、東京を拠点にするクリエイティブエージェンシー『ロフトワーク』。同社は2012年に従来のロゴタイプを撤廃し、"手書き"に刷新した。つまり、社員が自社の名前を手書きしたものが、その社員にとっての企業ロゴとなり、名刺などに入ることになる。社員それぞれの個性を前面に出しつつ、変化をいとわない多様性を持つ——そんな同社独自のアイデンティティが、十人十色のロゴに反映されているのだ。

このように、ロゴは企業のアイデンティティの象徴であり、いわば自社を代表する「顔」である。人を惹きつけるロゴは、得てして単純なデザインだが、そこに確かに感じられる深みは、陰で注がれた多くの苦労と強い想いが生んでいるのだろう。あなたもぜひ一度、自社への熱い想いを投影したロゴの、導入・リニューアルを提案してみてはいかがだろう。

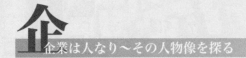

企 ——企業は人なり〜その人物像を探る

匠 ——技を極めた匠

医 ——健やかな日々を支える医療

心 ——心に寄り添う介護・福祉

Masters 特別企画取材
president・owner・director・boss・leader・captain……

地域に生きる

土
EXPERT'S EYE

教
明日を照らす教育現場

寺
社寺聴聞

店
逸店探訪

ドローンの可能性をさらに広げ
メイドインジャパンを確立したい

農薬散布用、空撮用のドローンの販売や修理、ドローンスクールの運営などを行っている『なかしまドローン』。同社の中島社長は、日本でまだドローンが一般化していなかった10年以上前に中国との取引きをスタートし、持ち前の研究心と洞察力で以て事業化を進めてきた。本日はタレントの島崎俊郎氏が同社を訪問。社長にインタビューを行った。

■ **ひょんなことからドローンと出会い**
■ **本格的に扱い始め事業化へ**

──中島社長が、ドローンと出会われるまでの経緯からお聞かせください。

　私は子どものころから機械いじりが好きで、学生時代は自分でバイクを修理したり分解したりしていました。社会に出てからは様々な仕事に就き、飲食店や人材管理業など、過去には当社以外にも経営を手掛けてきたんです。その中でもやはり機械関係はずっと好きで、知人の工場に手伝いに行ったり機械据え付けの仕事で海外に出たりもしていました。そして30代後半で結婚したのですが、飼っていた犬を運動させようとして、たまたまドローンにたどり着いたんですよ。

──ほう、犬の運動ですか。

　散歩に連れて行く代わりに、庭で車のラジコンを追いかけさせたら運動になるんじゃないかと思ったのですが、犬が反応しなくて。それでヘリだったら追いかけてくれるかと思い、中国から輸入して買ったんです。それが今で言うドローンで、10年ほど前でしたから日本にはまだありませんでした。

──面白いきっかけですね。そこから商機を見出されたのがすごいですよ。

　壊れたら自分で修理などもし、その都度必要な部品などを発注していると、中国の販売店と仲良くなっていきました。そこからどんどん凝っていき、空撮用のドローンを作ったんですよ。それでホームページで宣伝していたら、ある農家さんから「これで農薬を撒けないか」と問い合わせがきたんです。そこで中国のメーカーに相談すると、中国ではすでに農業用も開発されていると。「日本でもやってみますか」ということでさらに勉強を重ね、ドローンによる農薬散布が事業化していったんです。当時はまだ日本でこのようなアイディアが一般化しておらず、法整備も何もなかったので、手探りながら自由度が高くて面白かったですね。

──先見の明といいますか、今は当たり前になりつつあることを先駆けて挑戦されたのですね。

　コンピューター制御で、自動的に決

ドローンによる農薬散布の様子

After the Interview **島崎 俊郎**

「ドローンは様々な業界での活用が期待されており、日々技術が進化し法律なども更新されていくため、学ばなければならないことが非常に多いそうです。そんな中で、中島社長は国内外での様々な使用例にアンテナを張っており、業界の方から意見を求められることも多いとか。私たちの思いもよらない使用方法が、将来は当たり前になっているかもしれませんね」

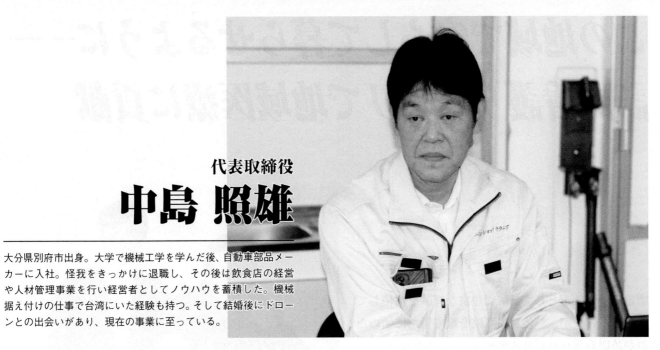

代表取締役
中島 照雄

大分県別府市出身。大学で機械工学を学んだ後、自動車部品メーカーに入社。怪我をきっかけに退職し、その後は飲食店の経営や人材管理事業を行い経営者としてノウハウを蓄積した。機械据え付けの仕事で台湾にいた経験も持つ。そして結婚後にドローンとの出会いがあり、現在の事業に至っている。

COMPANY PROFILE

なかしまドローン 株式会社

福岡県遠賀郡岡垣町吉木東一丁目 24-10
URL：https://urania.work

まった場所に農薬を散布してくれるので、本当に画期的だと感じましたよ。車で入れないような場所でもドローンを飛ばして簡単に作業ができるので、お客様にも非常に喜んでいただけました。

■ スクールの運営も行いながら
■ 国産ドローンの開発が大きな目標

——ドローンのスクールも運営されていると伺っています。

はい。『ひまわりドローンスクール』を運営しています。初心者から、産業用ドローンのプロフェッショナルまで通っていただけ、農薬散布専用コースもありますよ。もともと『NPO法人福岡県ドローン協会』様とご縁があり、そちらに農薬散布ドローンを卸していました。そして当社の農薬散布機を購入した方には、ご指導や技能認定を行っていましたが、どなたでも学んでいただけるスクールにしたんです。消防署や警察署にご指導に行くこともありますよ。

——かなりの実績と信頼があるからこそ、できることでしょうね。

現在は『ドローンショップウラニア』によるドローンの販売・修理・点検、農薬散布代行、先程申しました『ひまわりドローンスクール』の運営などがメイン業務ですが、今後は自社で国産ドローンも開発したいと思っています。ドローンは中国が世界トップシェアで、他にはヨーロッパ系とアメリカ系がありますが、日本産はまだないんですよ。純国産が実現すれば自衛隊での使用など用途が広がるので、事業を通して人々に貢献できる幅を広げられたらと思っています。

——実行力のある社長ですから、実現されそうです。

メイドインジャパンのドローンが完成し認知されたら、世界で需要があると思うんです。現状は中国に技術力で置いていかれてしまっていますが、追い抜けるポテンシャルを持っているはず。アフターサービスなども含めて、長く安心して使っていただけるクオリティの高いドローンを作ることが目標です。

（取材／2023年1月）

_____ *Column*

中島社長は、好奇心旺盛で非常に勉強熱心な人物だ。学生時代には自分でバイクの修理や改造などをしていたそうだが、この姿勢は経営者となった現在も同様。以前、土地を整地する際には建設業者から重機を借り、自分で行ったという。それから興味を持ち、のめり込んで学んだ末に自分で重機を購入したそうだ。もともとドローンも、調子が悪くなった際に自分で修理などをするのが楽しく、「一つひとつ調べていくのが面白くてワクワクする」という気持ちが始まりだった。この、少年のような好奇心と何でもマルチにこなしてしまう器用さが、社長の魅力であり事業につながっているのだ。社長のドローンに対する純粋な興味と技術力や探究心が、日本のドローン業界をさらに発展させていくことだろう。

この地域で安心して暮らせるように──
訪問看護リハビリで地域医療に貢献

認定理学療法士として病院で豊富な経験を蓄積してきた藤本社長が、整体院の開院を経て新たに始めたのが訪問看護リハビリステーション『ルピナス』だ。様々な患者と触れ合う中で、地域の人々に求められる医療を実現したいとの思いを抱きスタートしたという。そんな志の高い社長のもとを、本日は渡嘉敷勝男氏が訪問。インタビューを行った。

■ 理学療法士として歩む中
■ 地域医療への思いが高まり独立

——藤本社長は認定理学療法士として歩んでこられたそうですね。

はい。子どものころからスポーツと人と話すことが好きだったので、専門学校で理学療法士の資格を取得した後、病院で働き始めました。約8年勤める中で多くの患者様たちと触れ合い、徐々に地域医療に足りない点があると思うようになったんです。「もっとこうしたら良いのに」と。それを実現するために、独立を選びました。

——具体的には、どういった点が足りないと感じられたのでしょうか。

患者様の選択肢が少ないと思いました。例えば手術をした後、リハビリ病院に入院して社会復帰の準備をし、2週間ほどで退院してまた別の病院に移るケースが大半です。しかし、実際には早くご自宅に帰りたいと望まれる方も多いです。ご自宅でもリハビリを受けられる環境が整っていれば、患者様にとって選択肢が広がりますよね。それを実現したいと思って独立したんですよ。

——確かにご自宅のほうが落ち着きますし、メンタルのケアという部分でもそのほうが良いケースもありそうです。

実際に、勤務時代に患者様からもそういった声をたくさん頂戴したんです。それで私が独立して、ご自宅で安心して暮らせる環境を実現してみせると、お約束しました。そして『LIPERD』を設立して、まずは腰痛に特化した整体院を開院。ご自宅からの通いで、病院以外に身体を診て差し上げられる場所を整えた上で、訪問看護リハビリステーション『ルピナス』を新たに立ち上げました。この地域では理学療法士の数が充分ではないので、私の知識や経験を少しでも患者様のために活かせたらと思っています。

■ 地域医療のために一歩ずつ前進し
■ 安心して暮らせる街作りを

——訪問看護に着目されたのは、どうしてだったのでしょうか。

整体をしながら、地域の患者さんたちにお話を聞いて情報を集めました。すると、自宅まで来てもらって看護やリハビリをしてくれたらすごく助かる、とおっしゃる方が多かったんです。いつもの場

After the Interview 渡嘉敷 勝男

「藤本社長はとても爽やかで物腰柔らかな方でした。患者さんもきっとお話ししやすいと思いますし、皆さんから頼られ好かれているだろうなと思いましたよ。リハビリもやはり人対人のやり取りです。社長の認定理学療法士としての専門的な知識や豊富な経験はもちろんですが、人として安心できる雰囲気がより一層、患者さんの回復を促しているに違いないですね」

代表取締役
藤本 領佑

山口県周南市出身。学生時代はスポーツ万能で、野球と陸上競技を掛け持っていた。高校卒業後、理学療法士の専門学校にて資格を取得し、病院で8年間勤務。独立して整体院を開業後、新たな事業柱として訪問看護、リハビリ事業をスタートした。

COMPANY PROFILE

株式会社 LIPERD
訪問看護リハビリステーション ルピナス

山口県周南市久米中央4丁目5-31　URL：https://www.lupinus-yamaguchi.com

所でリラックスしていただくことで、リハビリにも良い影響を生むケースがあると感じています。ありがたいことに協力してくれる人材も集まり、手応えを感じているところです。

——以前患者様たちと約束されたことを、見事に果たされたのですね。お仕事で大切にされていることはありますか。

リハビリの内容や意味についてなど、分かりやすい言葉でお伝えして、患者様にご理解いただけるように努めています。また、ご本人だけではなくご家族の協力も不可欠。特に患者様がお子様の場合はご両親のご理解とご協力などが非常に重要です。ですからご家族の方々にも分かりやすくご説明をして、正しい知識を持っていただくようにしています。また、ご家族の負担を和らげられるような、介助のアドバイスなども行っています。

——そうした姿勢でいらっしゃるなら、

皆さんすごく安心されると思います。

私は病院で勤めていましたから、医療スタッフたちの大変さもよく知っています。ですから、私たちが訪問というかたちで患者様のお力になることで、病院での負担を分散することにもつながったらと思っています。

——社長のご活躍で、確実に地域の医療が良い方向に向かっていきそうです。

まだまだ夢の途中です。私の目標は、この地域の人が0歳から100歳まで安心して暮らせる環境を整えること。そして「ここで生まれて良かった」と言ってもらえるような地域モデルを確立したいんです。そのためには、協力してくれるスタッフもまだまだ必要です。私の思いに共感してくれる人がいれば、ぜひ力を貸してほしいですし、一緒に歩んでいけたら嬉しいですね。

（取材／2023年2月）

TherapyLab

藤本社長が独立し、訪問看護リハビリステーション『ルピナス』に先立って立ち上げたのが、腰痛特化型の整体院『TherapyLab』だ。腰痛をはじめとした身体の問題を改善する整体院として、不定愁訴の改善、産前産後ケア、美容、スポーツケア・トレーニング、リハビリなどを行っている。「本物の知識と技術を地域へ」をミッションとして掲げており、それを可能としているのが社長の高度な技術・知識と経験だ。社長は認定理学療法士という、一般の理学療法士よりも専門性が高い上位資格を有している。また、高度急性期医療機関にて8年間勤める中で貴重な経験を蓄積してきた。「地域の患者様たちのために」という温かで志の高い思いに加え、高度な専門性があって質の高い施術を可能としているのだ。こうした整体院と訪問看護リハビリステーションの展開で、社長は着実に安心して住める地域の実現に向けて前進している。

「いつもの場所で」
誠心誠意、愛をもってあなたの生活を支援いたします

状態の観察　　医療・生活相談　　治療支援　　日常生活支援　　リハビリ　　緩和ケア　　看取りケア

代表取締役
平原 登志彦

北海道江別市出身。高校卒業後、食品卸問屋、スーパーの精肉部門で働いた後、建設業界に転身。同時に親戚の建築金物卸業者で働くようになり、やがてそちら一本に。しかしバブル崩壊後に倒産し、建材メーカーの支援を受けて子会社の責任者を任されるように。長年経験を積んだ後独立した。

周囲を大切にした誠実な仕事を徹底し
建築資材卸業者として役割を果たし続ける

札幌市にて、建築金物や建具などの建築資材の卸売業を手掛けている『登心』。同社の平原社長は長年業界で培ってきたノウハウと人脈、そして周囲の人々を思いやる人柄などで大きな信頼を得ている。プロとしての責任感を持って日々仕事に臨む社長のもとを、本日はタレントの島崎俊郎氏が訪問。インタビューを行った。

■ いくつかの業界を経て
■ 建築資材卸業で経験を積み独立へ

——平原社長は、社会に出て最初はどのようなお仕事に就かれましたか。

食品卸問屋に入りました。その後、家業でスーパーを経営していた同級生から「精肉部門を任せたい」と誘われて、そちらに転職。2年半ほど働きましたが、結婚して子どもができまして。改めて将来について考え直し、建設業界に転身したんです。

——全く別の業界に移られたんですね。

気持ちを切り替えて学び、大型特殊免許などを取得。懸命に働きながら、冬場は閑散期になるので、建築金物の卸業を手掛けていた親戚の会社で配達のアルバイトも掛け持ちしていました。その中

で、親戚からの誘いを受けるかたちでそちら一本に絞るように。勤務先を辞めて、正社員として親戚の会社に入りました。それが、現在も手掛けている建築資材の卸売業へとつながっていきます。

——では、そちらで修業した後に独立をされたのでしょうか。

もう少し紆余曲折があるんですよ。親戚の会社はバブル期に突入すると非常に忙しくなり、毎日深夜まで仕事をするほどでした。ですがバブルが弾けてから一気に状況が変わり、残念ながら倒産してしまったんです。ですがそのころには、ありがたいことに業界の様々な方と縁がつながっていました。そしてある建材メーカーから「資金を出す」と言われ、そちらの子会社を立ち上げることになったんです。同業の同僚と2人で協力して

のスタートでした。

——そこで経営のノウハウを得ていかれるわけだ。

はい。私自身はそれまで、仕入れ、配達、営業などは行ってきました。しかし経理や保険関係の書類の扱いなどは素人でしたから、慣れるまではなかなか大変でしたね。ただ、私は子会社の責任者ではありますが、様々な方針などについては親会社の社長が決定権を持ちます。それで、徐々に私も自分の考えで経営を進めたい気持ちが強くなっていったので、17年間続けましたが辞め、この『登心』を立ち上げたんです。

■ 責任感と謙虚さを持ち
■ 取引先の力になり続ける

——いよいよ本当の意味で独立されて、いかがでしたか。

スタートするにあたって、以前からつながりのあった方々に挨拶まわりをしました。すると、独立後も協力すると快く言ってくださる方々が多くいらっしゃったんです。本当にありがたくて、「お客様は神様」とはこのことだと思いました

周囲に感謝し支え合う姿勢で

平原社長は仕事において、仕入先を大切にすることを1つの信条としている。建築資材の卸先である顧客を大切にするのは当然であるが、それも仕入れ先があってこそできること。常に「買わせていただいている」という感謝の気持ちを忘れないように、付き合いを続けているそうだ。

社長がこうした考えに至ったのは、長く業界経験を積む中で、ミスを出した仕入先に対して大きな態度をとる人も見たからだという。もし仕入先が何らかの不備を出せば、顧客に建築資材を卸すことがスムーズにいかず予定がずれるケースもあるだろう。だからといって、上から目線で大きな態度をとっても解決はしない。たとえ時にトラブルが起きようとも、仕入先とも顧客とも共に支え合う気持ちでいてこそ、事業が成り立っていくのではないか。社長は反面教師として学んだ点もあり、自分らしい考え方を確立していった。そうして思いやりを持ち誠実な姿勢で周囲と向き合っているからこそ、社長は信頼を得ているのだ。

COMPANY PROFILE

Toshin 株式会社 登心
北海道札幌市白石区川北 2293 番地

ね。皆様のご期待に応えるために良い仕事をしなければと、改めて気が引き締まりました。

──以前から社長が信頼に足るお仕事を重ねてこられたからこそ、引き続き応援してくださることになったのでしょう。

建築資材の卸売は、お客様と仕入先の間に立つ仕事です。ですから人との円滑なコミュニケーションや謙虚な姿勢が重要ですし、常に大切にしていることです。そして万が一不測の事態が起こっても臨機応変に対応し、解決策を探っていく。そうした思いでずっとやってきました。独立以降は営業活動に力を入れて新規のお客様も開拓しています。現在、経理や配達なども私1人で全て行っているので大変ではありますが、今期は昨年よりも順調ですよ。

──それは素晴らしいですね！ 社長の謙虚さや、皆様と共存共栄していかれようとする姿勢が、結果につながっているのだと思います。

ただ、建具・家具の職人さんなどは高齢化が進む傾向にあり、建築資材を必要とするお客様は今後減っていくと思います。また、コロナの影響も受けましたので、決して楽観視はできません。それでも会社を作った以上、人に迷惑をかけず、社会に貢献しながら、継続させていく責任があると思っています。

──社長は責任感がお強いですね。取引先の方々が長くお付き合いされる理由が分かった気がしますよ。

ご縁のある周囲の方々のためにも、10年20年先も会社を存続させていきたいですね。時流を見極めながら、これからも誠実さを大切に続けていきます。その中で、次を任せられる人材が見つかれば嬉しいですね。

（取材／ 2023 年 1 月）

タレント **島崎 俊郎**

After the Interview

「『登心』さんを立ち上げられた際には、平原社長のご子息も一緒に始められたそうです。取引先さんへのご挨拶にも一緒に回られたとか。現在ご子息はさらなるステップアップのために、同社を離れて別の業界に転職されたそうですが、社長と一緒に会社のスタートを経験されたことは、大きな糧になったはず。いつかまた、何らかのかたちで社長とご一緒されることもあるかもしれませんね。社長にはこれからも、経営者としても父親としても頼もしい姿を見せ続けていただきたいですね」

不動産投資のエキスパートとして未来を紡げる会社を目指す

コンフォレックス 株式会社

東京都港区高輪 3-10-2　グラスプラス高輪 4F
URL：http://comforex.jp/

Special Interview

コンサルティング、事業計画、建築工事やリノベーションなど、不動産投資に関するプロフェッショナルとして顧客の資産拡大に貢献している『コンフォレックス』。建設業界と不動産業界で豊かな経験を積んできた渡邊社長が、昨年設立したばかりの会社だ。そんな同社に本日はタレントの藤森夕子さんが訪問し、インタビューを行った。

建設業界から不動産業界へ
投資のプロとして経験を蓄積し独立

――渡邊社長は、どのような経緯で現在の仕事をするようになられたのですか。

もともと建設会社の現場監督として長年勤めていて、その後、投資用物件を手掛ける前職の会社に転職しました。それまで建物を建てるノウハウはありましたが、投資に関しては改めての勉強で、大変でしたが非常に新鮮でしたね。その中で、不動産投資の可能性を確信するよう

になって、徐々に独立を意識し始めたんです。

――具体的にはどのようなお仕事をされていたのですか。

お客様のご要望に応じて、図面の製作から建設まで携わっていました。さらに投資セミナーの講師を務めるなど、この分野において幅広く経験を積ませていただいたと感じます。また、当時は同業他社もさほど多くなかったので、順調に伸びていき大きな手応えを感じました。そして、2期連続で自分の納得いく売り上

げを達成できたことから、独立して自分でやっていこうと思ったんです。

――やはり、さらに挑戦したいという気持ちがおありだったのでしょうね。

そうですね。経験を積んである程度自信を持つことができたのと同時に、自分の力でどこまでいけるか試してみたい、と思うようになりました。前職場でも、土台をしっかりと固めて自分の役割を果たした自負もあったので、2022年に独立してこの『コンフォレックス』を設立しました。

若い人材の育成にも注力し
次世代につないでいける会社に

――お仕事としては、不動産投資について幅広く？

はい。投資のコンサルティングや、事業計画、建築一式工事、リノベーションまで一貫して行っております。また、格式の高いこだわりのデザイナーズルームを提供する「HW. HILLS」など、高級路線の物件も扱っています。これまでの経験を活かすことで、建物を造るところから投資・管理まで広く的確なアドバイスが可能です。前職場でのお客様は引き継いでいませんので、またゼロからのス

After the Interview

「渡邊社長は非常に勉強熱心で、勤務時代にも素晴らしい業績を上げられた実績の持ち主です。敏腕という印象を持ちますが、近寄り難さは全くなく物腰が柔らかくてとてもお話ししやすい方でした。若い世代にも寄り添っていく柔軟な姿勢をお持ちですし、社長にならお客様も相談しやすいだろうなと思いましたよ。そのお人柄で、これからも周囲の方々のお役に立っていただきたいです」

藤森 夕子

代表取締役
渡邊 優哉

東京都出身。学校卒業後、建設会社に入社し現場監督として長年経験を積んだ。その後関連会社の社長から声をかけられたことをきっかけに、投資物件を手掛ける不動産会社に転職。実績を残し、2022年に独立して『コンフォレックス』を設立した。

タートにはなりましたが、ありがたいことに徐々にお付き合いしてくださる方が増えており順調です。

――お客様の利益を生むだけではなく、景観や街作りにも貢献できる、素敵なお仕事ですよね。

ありがとうございます。私自身、お金を儲けたいというよりも、お客様のお役に立ちたい思いと、住み良い街作りを通して社会に貢献したい気持ちが強いです。また、若い人材たちを育てていき、会社として次の世代に資産を残していければと思っています。

――御社には若い社員さんも揃っておられて？

20代や30代の社員がいます。バブルの少し後に建設業界で働いてきた私とは全然世代が違うので、皆考え方なども当然異なります。その中から私も新しい発見や学びがありますし、若い社員たちとコミュニケーションを取るのはとても楽しいですよ。皆が力を発揮できるようにもっと良い会社環境を整えたいですし、私のノウハウを彼らに伝え成長してほしいと思っています。

――とても社員さん思いですね。専門的なお仕事かと思いますが、社長のもとでなら優秀な社員さんがどんどん育ってい

かれると思います。

業界の技術・知識は日々進んでいきますし、法律や経済、世の中のトレンドの変化などによっても左右される仕事です。私も今なお日々勉強でゴールはないと思っており、簡単な仕事ではありませんが皆と一緒に成長していきたいですね。そして全社一丸となってお客様と二

人三脚で歩むことで、資産拡大に貢献していきます。まだスタート1年目ですが、土台が固まりさらに成長したら、いずれは社員の中から選出し次期社長を任せたいと考えていますよ。将来私が引退した後でも、お客様のお役に立てる会社として長く続いてほしいですね。

（取材／2023年1月）

Construction ――新築事業

二人三脚でお客様の資産拡大を

土地情報収集、建築プラン、事業計画、周辺マーケティング調査など、従来はフローごとに担当する会社が異なっていた部分を一貫して進めることにより、お客様のニーズにより応えできるようなフローを実現しました。

Renovation ――リノベーション事業

価値向上、収益増加

リノベーションによって、お客様の資産価値を向上させます。既存の建物に対して新たな機能や価値を付け加える改装工事を行うことによって、賃料アップや空室率の改善による収益増加のサポートをいたします。

Others ――関連事業

HW. HILLS

東京23区内を中心に、展開するHW. HILLSでは格式高くゆとりある生活をお客様にお約束します。先行きの見えないこんな時代だからこそ、「住まい」を大切にしたい。そんな声に精一杯お応えしたい。

顧客の信頼に応えたい――
運送のプロとして力を尽くす

大阪から全国へ顧客の大切な荷物を運送している『RIDEMATERIAL』。また、運送業務と連携した組立加工や表面処理業務にも対応しており、加工から発送までを一貫して担うことでコスト削減など顧客の利益に繋げている。本日はタレントの布川敏和氏が同社を訪問。強い責任感で信頼に応えている來戸社長にお話を伺った。

RIDEMATERIAL 株式会社

大阪府大阪市平野区加美北 5-12-23 コムプラザ加美 F 号
URL：https://ride-material.com

34 歳で運送業界へ
顧客の発展を支え続ける

――『RIDEMATERIAL』さんでは運送業を主軸とした多角経営を行っておられるそうですね。まずは來戸社長が運送業界に入られた経緯をお聞かせください。

19 歳の時に地元・山口から大阪に出て、ガソリンスタンドで働いていました。その時に自動車整備士や危険物取扱者など様々な資格を取得し、15 年間お世話になりました。やがて 34 歳の時に友人から誘われたのをきっかけに運送業界に入り、メッキ加工会社様の専属運送業者としてキャリアをスタートしました。取引先様であるメッキ加工会社様にもそれぞれ得意分野があり、そちらの営業活動も行いながら 10 年間仕事を続けました。

――運送業者さんが、取引先の営業まで担うスタイルは珍しいですよね。

紹介でこの仕事を始めた以上、紹介してくださった方や取引先様の顔を潰すわけにはいかないと一生懸命に仕事をするうちに、営業も行っていた形ですね。そうした中で「うちも頼む」と他社様からもお声掛けいただくようになりました。ありがたいことに私だけではこなすことが難しい量になってきたため、当社と契約を結ぶ形でドライバーを雇い始め、現在は取引先様も 5、6 社にまで増えました。ドライバーはお客様の看板を背負うわけですから、しっかりと面接を行い、私が信用できると認めた人材だけを選ん

でいます。嬉しいことに 2021 年には法人化を果たすこともできました。

――順調に成長しておられることからも、優れたドライバーさんたちが集まっていることが窺えますね。

私から声掛けしてフォローしていますが、何よりドライバー一人ひとりが真剣に仕事に向き合ってくれていること、そしてグループ会社やお客様もサポートしてくださっているお陰だと思います。

――事業を推進する上で、課題や難しさを感じることはありますか。

やはり人を使うことの難しさは感じますね。私が皆の努力に応える一番明確な手段は良い収入を用意することだと思っています。そのためにも一人ひとりの頑張りをきちんと評価して、給与に還元するようにしています。また、お客様の会社が発展してこそ、当社の発展があるので、コスト削減や手間の軽減など、お客様にいかに利益をもたらすかを大切にしています。お客様にとっては当社以外の運送業者を使うことも十分可能なわけですが、それでも当社を信頼して仕事を任せてくださっているので、そのお気持ちに応えたいという気持ちが強いです。

――その強い責任感や義理堅さも御社が評価される所以でしょうね。

ご縁を通じて多角経営に挑戦
多くの支持を集め、さらなる未来へ

――運送業に加えて、他の業務も手掛け

ゲストインタビュアー
布川 敏和

ておられると伺っていますが、詳しくお聞かせ願えますか。

ビールサーバーの組み立て加工や、メッキの処理・研磨といった表面処理業務を手掛けています。元々メッキ加工品

運送のプロとして
大阪および全国の輸送業務に対応します。
運送業務・組立加工・表面処理の３軸で
お客様をトータルでサポート。
ぜひご相談ください。

RIDEMATERIAL Express

01 エクスプレス事業

02 組み立て加工事業

03 表面処理事業

代表取締役

來戸 紀章

の運送業務を手掛ける中で、「表面処理もやってみないか」とお声掛けいただいたので、始めてみることにしたんですよ。そしてこれまでの繋がりで専門の方に教えていただいて技術を身につけていきま

した。組立加工や表面処理を行ったものを、運送するところまで当社で一貫して行っているので、取引先様もコストや手間が省けて業務の効率化にもなると喜んでくださっています。

──まさに社長が重視する「お客様にいかに利益をもたらすか」を実現されているわけだ。今後もさらに新たな分野にも挑戦しながら多角経営を続けていかれるのでしょうか。

事業柱は多いほうが安心ですが、慎重に進めていきたいですね。その中でご縁があれば新しいことにも挑戦していきたいです。ちょうどリサイクル業を手掛けていた先輩が当社に来てくださることになったので、リサイクル業を始めました。

──これからが楽しみですね。

そうですね。私が仕事で大切にしているのは人との繋がりであり、信用です。そこに会社の規模は関係ありません。たとえどれだけ利益が見込める仕事でも、求められたものに対して応えられなければお客様にご迷惑がかかってしまうので、お断りすることもあります。プライドだけでは食べていけませんが、仕事を頂いている以上はきちんとしたいという思いが強いですし、仕事以外でも信用をなくしてはならないという思いで、これからも気を引き締めていきます。その中で、より広い場所に会社を構え従業員を増やしつつ、事業をさらに成長させていければ嬉しいですね。

（取材／ 2023 年 1 月）

Column

社員から「陽気で面白い」「優しい」と慕われている來戸社長。そんな社長も何より社員を大切に思っており、「万が一当社に何かあった時は、皆をお願いします」と取引先の経営者に頼んでいるという。病気や事故など何があるか分からないのが人生。自分だけならまだしも、社員たちを困らせたくはないという思いからの行動だ。また、独立希望者には挑戦できる環境を整えたりするなど、一人ひとりの意思や思いを大切にしている。「皆には沢山稼ぎ、楽しく働いて人生を楽しんでほしい」と社長。経営者として、皆の笑顔の創出に努めていく。

after the interview

布川 敏和

「運送のプロとして、多くの顧客の発展にも寄与しておられる『RIDEMATERIAL』さん。取引先企業はもちろん、提携企業、自社ドライバーの皆さんなど、関わる全ての方々を大切にする姿勢は素晴らしく、事業が発展するのも納得です。これからもその姿勢を持ち続け、多くの方々に頼られる運送会社であり続けてくださいね」

コインランドリー事業を軸に子どもの教育にも注力し
異なる分野から人々に貢献していく

代表取締役社長　三木 保彦

千葉県松戸市出身。青春時代はサッカーに打ち込んだ。社会に出て第一歩目は画廊に就職。その後は建設業界に移るも、コインランドリー事業を副業とし軌道に乗ったことからそちらを本業に。学習塾の運営なども手掛けるようになり、現在に至る。

×

ゲスト　ラッシャー板前

ファミリープレゼンス 株式会社

広島県廿日市市阿品4-47-6 阿品ビル3F

KOKOIKU 総合学習塾／COCO STUDIO

広島県廿日市市阿品3-1-1
フジグランナタリー マリーナストリート2F
URL：https://kokoiku.co.jp
URL：https://www.cocostudio.website

After the Interview

「三木社長は子どものころから、『将来は経営者になりたい』という思いを漠然と持っていらっしゃったそうです。コインランドリー事業に着手する際には、資金集めなどで思い切った決断にはなったそうですが、幼少期からの夢の実現になるということが、決め手の1つになったのでしょう。そして現在は、子どもたちの未来を照らす役割も果たしていらっしゃいます。社長の事業や取り組みの数々が、地域でなくてはならないものになっていきそうですね」

ラッシャー板前・談

コインランドリーの設置事業を主軸としながら、教育事業にも力を入れている『ファミリープレゼンス』。同社の三木社長は自らの足で顧客のもとに向かい、忙しい日々を過ごしながら「ありがとう」の一言が大きなやり甲斐になると話す。広い視野と熱意を持って分野の異なる事業を展開する社長のもとを、タレントのラッシャー板前氏が訪問。インタビューを行った。

異業種での社会経験を経て コインランドリー事業に出会う

──三木社長は、社会人の第一歩はどんな仕事に就かれましたか。

子どものころから美術が好きで、画廊に就職しました。日本全国、そして海外にも行くなどしながら約15年働き、退職。もともと美術品が大好きなので、売るより買う側になったほうが良いと思ったのと、家族との時間などを考えての退職でした。そして、友人が経営していたリフォーム会社に転職したんです。そのころに、現在手掛けているコインランドリーの運営事業に出会いました。

──どんなきっかけがあったのですか。

美術関係で知り合った先輩が、紹介してくださいました。そこで私も副業として始め、そちらが軌道に乗ったのでリフォーム会社を退職。『ファミリープレゼンス』を設立して本格的に始めた次第です。当社は『ファミリーレンタリース』の中四国・九州地区代理店という立場になります。

──具体的にはどのような事業なのでしょうか。

寮、ホテル、ゲストハウス、インターネットカフェなどの施設に、コイン式洗濯機や乾燥機を無料導入しています。機器導入、設置・撤去、修理、清掃、水道・光熱費など、全て当社が負担致します。導入に際してお客様がご用意するのは、設置スペースと電気・水道の設備ぐらいですね。専門知識がなくても費用をかけずに1台から導入可能で、施設の稼働率アップなどにつながります。大手電機メーカーと共同開発した最新機種を導入していますし、多くの方々に喜んでいただいています。

──全て無料で導入できるとは、素晴らしいサービスですね！

先日もここ広島から福岡まで、日帰りでお客様のもとまで行ってきまして、毎日忙しくさせていただいています。また、宿泊施設などではインバウンドが回復すればさらなる需要があると見込んでいます。皆さんのお役に立てる仕事ですから、やり甲斐は大きいですね。

塾運営やバレエスタジオも 子どもの未来を育む取り組みを

──御社では学習塾も運営していらっしゃると聞いています。こちらは？

『KOKOIKU 総合学習塾』を手掛けています。もともと大手さんが運営されている塾だったのですが、そちらが撤退されることになりまして。ただ、生徒さんがたくさんいらっしゃり先生たちとの関係性も築かれていたんです。そこで、先生と生徒さんを引き継ぐかたちで、新たに当塾を立ち上げたんです。

──コインランドリーの運営とはまた全然違った事業ですね。

はい。ですから最初は手探りで、試行錯誤と勉強でした。ですがありがたいことに、優秀な先生たちが揃っていらっしゃいますので、随分助けられているんです。良い方たちと巡り会えて、本当に感謝しています。塾では1歳から幼児、小学生、中学生が対象で、個々に合わせたカリキュラムによって「自ら学び考える姿勢」を育むことをテーマにしています。お陰様で、これまで受験した生徒さんたちは皆さん皆志望校に合格しているんですよ。

──それはすごい！ 非常に優秀な塾なのですね。

また、受験対策の勉強だけではなく「探究学習」というものも取り入れています。こちらは塾の先生の知り合いの方が実践されているもので、見学したところ非常に興味深かったんですよ。例えばコンビニの店長になったと仮定し、立地などの条件に応じて何をどれだけ仕入れるべきか考えてもらう。そして1日の最終損益がどれぐらいだったか計算するところまで行い、シミュレートしてもらいます。そうして子どもたちの探究心や仕事につながる力を養うことが、目的の一つなんですよ。

──それは生きる力につながりますし、試験の点数を上げるのとは違ったベクトルで、大変良い勉強になりそうです。

塾と同じフロアにはバレエスタジオもありまして、そちらの教室でも講師の皆さんが子どもたちの個性を育て、踊ることの楽しさを教えておられます。素晴らしい講師の方々が揃い、私の娘も講師兼ダンサーを務めているんですよ。妻も塾の統括ディレクターとして活躍してくれるなど、家族にも助けられて本当にありがたい限りです。今後もコインランドリーで多くの方々のお役に立ちながら、仕事を通して子どもたちに夢を与えられたらと思っています。子どもたちに価値のある体験をさせてあげられるような取り組みを推し進めていきたいですね。

（取材／2023年1月）

バレエ教室『Mathys Ballet』

『KOKOIKU 総合学習塾』と同じフロアに『COCO STUDIO』というスタジオを設けており、そちらではバレエ教室『Mathys Ballet』を運営している。1歳の子どもから大人までクラシックバレエを習うことができ、バレエの芸術性に触れながら踊ることの楽しさに触れられる。様々な受賞歴を持つ講師陣が揃っており、その中の1人には三木社長のご息女もいる。過去には大病を患い苦しい経験をしたそうだが、現在は無事に回復。大好きなバレエに再び関わることができるようになり、日々活き活きと講師として役割を果たしている。社長の躍進の陰には、病を乗り越えて活躍するご息女の存在もあるのだ。

顧客第一の姿勢と周囲への感謝の思いを胸に
パッキン製造の専門家として第一線を走り続ける

液体や気体などの漏れや外部からの侵入を防ぐため、様々な製品に用いられるパッキン。
その製造に特化しているのが『TIS』で、坂本社長の長年の経験と磨いてきた技術力で、
大きな信頼を得ている。また若い世代が働きやすい会社環境も魅力で、社員の活躍が光る。
そんな同社をタレントのつまみ枝豆氏が訪問し、社長にインタビューを行った。

■パッキン製造の道を歩み続け
■感謝の気持ちで現在に至る

——まずは、坂本社長の歩みからお聞かせください。

　和歌山県田辺市出身です。実家は農家で梅とミカンの栽培をしていますが、私は若いころからこの業界に入って経験を積んできました。そして35歳の時に、「もっと柔軟にお客様の要望に応えたい」という思いで独立したんです。機材を譲ってくださる同業者の方がいらっしゃるなど、周囲の方々に恵まれたお陰で現在まで来ています。ずっと別法人で歩んできたのですが、そちらは息子にバトンタッチしました。この『TIS』は私主導で仕事を続けていくために、そして直接お客様が喜んでくださる顔を見たり評判

を聞いたりしたかったので、独立して新たに立ち上げた法人です。

——パッキンの製造に特化していらっしゃるそうですね。

　はい。様々な種類のパッキン製造に、小ロットからご対応しています。パッキンは普段皆さんあまり気にかけないでしょうけれど、思っている以上に様々なものに欠かせないものです。例えば水道の水もパッキンがあるから止まります。原子炉にも使われているくらいで、規模の大小を問わず、縁の下の力持ちなんですよ。「水漏れしてるからすぐにパッキンが欲しい」など、急なご依頼も多いですね。

——普段はあるのが当たり前だからこそ、いざなくなったり壊れたりすると、すごく困ることに気がつくものですよね。

　だからこそ当社では、低価格・高品質

で納期を厳守することを大切に、お客様第一の仕事を徹底しています。先程の水漏れのようなケースでは、1分1秒でも早くお届けすることで、お客様に喜んでいただけますよね。こうした素早い対応を私の判断で行いたいからこそ独立を選んだんです。

——非常に誠実な姿勢でいらっしゃることが伝わりますよ。お客様もきっと、「あそこに頼めば大丈夫だ」という信頼感を持っていらっしゃると思います。

　そうであれば嬉しいですし、私は常に「ご注文いただきありがとうございます」という気持ちで仕事をしています。たとえ3円のパッキン1つでも、きちんと包装してお客様の元にお届けします。それで喜んでいただけたら何より嬉しいですし、そうした対応の一つひとつが信頼に

代表取締役 **坂本 勲**

町工場の "おっちゃん社長" として

坂本社長は、会社で社員に対して「おっちゃんと呼んでくれ」と言っているそうだ。また、「私はこの子らに稼いでもらって給料をもらってるんです」とも話す。偉ぶることが嫌いだという社長の、親しみやすい人柄と謙虚さ、社員の皆への感謝などが感じられる。そんな社長の会社だから、『TIS』は明るく風通しの良い雰囲気で、社員の皆も仲が良い。国立大学を卒業後に営業マンとして活躍していた社員の1人は、「この会社なら、自分を1人の人間として大切にしてくれる」と確信し、同社への転職を決意したという。社長自身は「こんなちっぽけな会社に、優秀な人たちが集まってくれて……」と謙遜するが、社長の人徳が多くの人材を惹きつけていることは間違いない。経営者として以前に、1人の "おっちゃん" として社員の皆と真っ直ぐ向き合っているからこそ、温かで働き甲斐のある会社づくりに成功しているのだ。これからも "おっちゃん社長" として、社長らしい会社づくりを進めてほしい。

つながっていくと信じています。独立して初めてお仕事を頂戴した時の新鮮な喜びは、徐々に忘れてしまうものです。ですが私は独立して約35年、そうした気持ちを1日も忘れたことはありません。

──御社が沢山の仕事を得られている理由が分かった気がしますよ。

社員の皆に対しても同様の思いがあります。私の肩書は代表取締役ですが、皆が働いてくれるからこそ当社がありますし、私自身は全然偉くも何ともないんです。皆には本当に感謝していますよ。

■ 古希を迎えて尚道半ば
■ 生涯現役でチャレンジし続ける

──ところで、社名の『TIS』にはどんな由来が?

「I」と「S」は私のイニシャルからです。「T」は地名で、ここ豊中市、支店を出している東京都、私の故郷である田辺市を意味しています。実は最近第二工場も作りまして、そちらでは定年退職した私の妻と一緒に動いていこうと考えています。工場で機械が動いている音を聞く

と、ホッとするんですよ(笑)。

──社長は、本当にお仕事が好きなんですね!

そうなんです。独立して以降の約35年間、父が亡くなった時を除いて休んだことはありません。工場に出てくると気持ちがシャキッとします。私は昨年古希を迎えまして、40代50代の人たちからは「ゆっくりしたらどうですか」と言われます。ですが私としては全くそんなつもりはなく、「まだまだいける」という感覚です。それに、長年の経験と技術力には自信がありますから、まだまだ下の世代の人たちには負けませんよ。おそらく、将来彼らよりも長く現役で現場に立ってい

ると思います。

──素晴らしいバイタリティですね。私も今64歳ですが動き回っていますし、社長のお気持ちは分かりますよ。今後の目標についてはいかがですか。

和歌山県には、パッキンの製造会社があまりないんです。ですから私が故郷で立ち上げたいと考えています。そのためにも、現場を任せていける人材をどんどん育てる必要がありますから、育成に注力していくつもりです。私はまだまだ挑戦心を持って頑張っていきますから、若い人たちにも食らいついてきてほしいですね。

(取材／2023年1月)

「私は車が大好きで、自分でもよくいじります。その時に様々な種類のパッキンがあることに気が付き、重要な役割を果たしていることを知りました。小さくて目立たないものかもしれませんが、『TIS』さんのような技術力に優れた町工場があるからこそ、車も安全に走ることができるんだと思いましたよ。本当に大切で誇り高いお仕事ですから、坂本社長にはぜひ生涯元気でご活躍を続けてほしいですね」

ゲストインタビュアー
つまみ枝豆

ゲストインタビュアー
つまみ枝豆

㈱『ケアラーズ』代表取締役
菊地 一

心のこもった介護を通じて利用者

訪問介護事業、居宅介護支援事業、デイサービス事業を手掛ける『ケアラーズ』。介護保険制度が始まる以前から良質な介護サービスを提供し続けており、草分け的な存在として地域に欠かせない企業となっている。本日はタレントのつまみ枝豆氏が同社の菊地社長にインタビュー。事業の道程や、介護を通じて利用者、スタッフに寄せる思いを語っていただいた。

■ ピンチの中で着目した介護事業
時代を読む力を活かし参入する

——菊地社長は社会の第一歩目から介護・福祉業界を歩んでこられたのですか。

　元々はアパレル業界に身を置いていたんですよ。学業修了後、大阪の婦人服メーカーを経て、紳士服メーカーに移り、10数年間経験を積んだ後、34歳で独立して小売店をスタートしました。

——今とは全く違う業界で活躍されていたのですね。そこから現在の業界に入られた経緯を伺っても？

　起業した当時はDCブランドの全盛期で、業界全体にとても活気があり、事業は順調でした。ところが10年ほど経ったころバブルが崩壊し、一気に業績が厳しくなってきたんです。同業界で活躍していた先輩や同僚がどんどん去っていく中、私も何か新しい事業柱を打ち立てなければと考えていた時に着目したのが介護・福祉事業でした。たまたま新聞で要

介護者がいるご家族は、大変だという記事を読んだんです。確かに、旅行や結婚式などはおろか、日常生活でも負担は大きいだろうなとすぐに想像できました。そしてそんな介護を必要とする方やそのご家族を支えるサービス・職業があればという思いから、色々と調べ始めたんです。それが1998年の秋のことでした。

——介護保険制度が始まる少し前ですね。

　まずは介護関連のサービスや職業がないかを調べたのですが、当時はネットなどはなかったので職業欄で探しました。そうしてやっと見つけたのが、近い仕事で家政婦紹介所でしたね。次に介護サービスを提供するにあたり何か資格が必要かを役所に問い合わせたところ、当時は資格が必要でなく、さらに2000年から介護保険制度が始まることを知り、「近い将来必ず必要とされる仕事だ」と確信を得たんです。そして介護保険制度が始まる1年半ほど前に、小売業と平行しながら、まずは一人で介護福祉事業をスタートしました。

■ 優れたスタッフに恵まれ感謝し
一丸となって良質なサービスを提供

——とても先見の明がありますが、当時はまだまだ認知されていないお仕事ですよね。まずは何から始められたのですか。

　まずは訪問介護事業を始めようと、料金やサービス内容を書いたチラシをポスティングすることから始めました。そしてヘルパーさんを集めていったんですよ。やがて少しずつ利用者様がサービスを受けてくださるようになる中、地域のケアマネジャーさんたちとのご縁を得ました。そのケアマネジャーさんたちが介護のあり方や利用者様に対するスタンスなどを教えてくださり、さらに新規の利用者さんをご紹介くださったんですよ。そうして事業が軌道に乗っていきました。介護・福祉業界を歩むようになり、私自身人間的に、以前より少しは成長できたのは利用者様・ご家族様・関係者の皆様・スタッフに育てていただいたからだと感謝しています。

——良いご縁を得られたのですね。

　介護保険制度が始まった時、ここ大阪市住之江区の同業者は11社くらいだったと思いますが、異業種から参入したのは当社だけでした。その中でどうすれば利用者様やケアマネジャーさんに選んで

株式会社 ケアラーズ

大阪府大阪市住之江区浜口東 3 丁目 5-20 日軽住之江ビル 5 階
URL：https://carers2000.com

スタッフの皆さんを交えて記念撮影

とスタッフの幸福を実現していく

いただけるかを毎日考えていましたね。そこで役立ったのがアパレル業界で培ったお客様第一という考え方です。そしてどんな依頼も決して断らないスタンスと、即決・即断を徹底してきました。

——そういった努力や姿勢も評価に繋がったのでしょうね。また、今は訪問介護や居宅介護支援に加えて、デイサービスも手掛けておられるとか。こちらはどういったきっかけが？

以前から「デイサービスなんか行きたくない」という男性利用者が多いことが気になっていました。しかし出かけず、誰にも接さないでいると筋力低下や刺激の乏しさによる認知症などに繋がりかねません。そこで男性も通いやすいスポーツジムのようなデイサービスがあればと考えていた時に、国が新たにリハビリ特化型という制度を作ったんですよ。まさに私がやりたかったことだと思い、『リハビリスタジオ夢現』をオープンしました。スポーツ療法を取り入れ、ジム感覚で通えるデイサービスがコンセプトで、今は 2 店舗運営しています。

——社長は目の付け所が素晴らしいですよね。事業成長の要因もその点にありそうです。

いえいえ。スタッフに恵まれているから今があるんですよ。皆真面目で、利用者様の気持ちを考えて行動してくれていて本当にありがたいです。そんな皆に報いるためにも、やりがいを持って楽しく、幸せに働ける環境づくりが私の仕事です。皆にも「必ず働きやすい職場にする」と伝えているので、絶対に実現してみせます。

——社長の気持ちが伝わっているからこそ、スタッフさんも頑張ろうという思いになるのでしょう。今後についてはいかがですか。

将来的にはリハビリ特化型分野を拡大していき、付随するサービスも手掛けていきたいですね。デイサービスは飽和状態という話もありますが、差別化によってまだまだ伸びる分野だと思っています。そうして利用者様に喜ばれるサービスを提供し続けるとともに、後継者も育て、100 年企業を目指したいです。

（取材／2023 年 1 月）

pick up the story

対談中、何度もスタッフの皆さんへの感謝の気持ちを語っていた菊地社長。現在、『ケアラーズ』では約 60 名のスタッフが活き活きと活躍している。

社長は「私の世代は教えてもらうよりも、先輩の姿を見て覚えろと育ったので、人材育成が苦手なんです。ですが、当社ではスタッフがスタッフを育ててくれる風土が醸成されていて、本当にありがたいです」と語る。各部門の責任者たちは長く同社に勤めており、一緒に働く仲間からの信頼も厚い。だから新たに加わったスタッフも自然と先輩たちから教わろうという姿勢になるのだろう。

社長はこれからもスタッフと力を合わせ、利用者とそのご家族の笑顔を創出していく。

after the interview

つまみ枝豆（タレント）・談

「時代のニーズを読む確かな目とチャレンジ精神で、介護事業においても成功を掴まれた菊地社長。近年はそれを支えてくださっている周囲の方々への思いが強いそうで、『利用者様やスタッフの幸福を実現する企業であり続けたい』と語っておられました。努力を惜しまない社長なら、必ず実現されると思います！」

顧客第一の姿勢で提案し、地域で愛される不動産会社へ

代表取締役社長
岡本 和也

社員の野尻氏も交えて記念撮影

ゲスト
島崎 俊郎

不動産の賃貸仲介事業を主に手掛ける『ONhome』。不動産業界で経験を積み重ね、顧客第一の姿勢を貫く岡本社長は前職の先輩であった野尻氏と同社を立ち上げ、お客様のライフステージに寄り添う不動産会社を目指している。本日はタレントの島崎俊郎氏が同社を訪問し、事業への想いなど様々なお話を伺った。

――早速ですが、まずは岡本社長が『ONhome』さんを立ち上げられた経緯からお伺いします。

もともと札幌市内の大手不動産会社に10年以上勤めており、29歳で店長を任されるなど順調にキャリアを蓄積したのですが、2021年ごろから独立を考え始めるようになりました。当時勤めていた会社は大手だったので意思決定に時間がかかったり、担当外の場合には自分のお客様を該当部署に委ねなければいけない状況が起きやすく、もどかしい思いをすることが多かったのです。それで、1から10まで自分の裁量で仕事を進められるように会社の先輩だった野尻と『ONhome』を立ち上げました。地域に密着した不動産業を行いたいと思い、野尻が店長を務めた経験のある厚別区でオープンしました。

――地域密着型であることが御社の強みなのですね。野尻氏は社長から見てどのような方なのですか。

前職時代から色々と相談に乗ってもらっていて、猪突猛進型の私の行動に冷静にブレーキをかけてくれる頼もしい存在ですね。野尻がいなければ独立していなかったと思えるくらい、絶対的な信頼があります。仕事ぶりも丁寧で、他にもネットを使った集客のセンスが素晴らしく、とても心強く思います。

――なくてはならない存在なのですね。お二人で独立されてみていかがですか。

札幌市は不動産賃貸業の激戦区なのですが、お客様を大切にした対応を続けていたら売上は自ずと上がってくると信じています。顧客本位の対応ができるよう社員のスキルアップを図り、お客様のライフステージが変わる度に頼ってもらえるような対応をしていくことで、顧客満足度を上げることに力を入れていきたいですね。これからは今まで以上に結果を出したいので、優先度の高い順に仕事を計画的に消化するという、社会人の基本であり大事なスキルを重視して生産性を上げ、また言霊を意識してポジティブな発言をするように心掛けていきます。

――当たり前のことを続けるのはなかなか難しいものだと思います。最後に、今後の夢はお持ちですか。

地域で愛される不動産会社になりたいですね。まずは賃貸事業でしっかりと地盤を固めてから、売買事業を身近なところから始め、物件のオーナーから管理などについての相談も受けられるようになりたいです。そのためにも、徐々に社員を増やしていければいいなと考えています。そして、ゆくゆくは自社ビルを建てて、1階に店舗を設けたい。相談だけでも気軽に立ち寄ってもらえる場所が、私たちの理想。やはりお客様の「ありがとう」が聞ければ嬉しいですから。

（取材／2023年1月）

「対談を通して、顧客第一の姿勢、野尻氏への強固な信頼が伝わってきて、『ONhome』さんの今後の活躍が確信できました。地域で愛される不動産会社を目指して、同氏と力を合わせて歩みを進めていってください。楽しみにしています」

株式会社 ONhome
北海道札幌市厚別区大谷地東4丁目2-15 1階

適正なサイズとコストのコンサルで企業成長の羅針盤となる

代表取締役社長
中川 浩幸

株式会社 LASINVA

東京都渋谷区神南一丁目5番6号 H1O 渋谷神南
URL：https://lasinva.com/

経営・IT コンサルティング、IT 開発支援など規模を問わず幅広い領域で企業に寄り添う『LASINVA』。同社を力強く牽引する中川社長はコンサルタントとしての豊富な経験を活かし、適正なサイズ・コストのコンサルで企業が抱える問題を解決に導く。本日はタレントの藤森夕子さんが社長にインタビューを行った。

——中川社長は社会人としての第一歩目はどのような仕事に就かれたのですか。

　大学卒業後は大手商社に入社しましたが、商社特有のキャリアパスを窮屈に感じて、外資系戦略ファームに転職しました。ところが、規模の大きい仕事も経験できて充実している中でも、やがて物足りなさを感じるように。サポートではなく、自分で意思決定して実行したいという欲が、川上から川下まで担う商社マン時代に根付いたのでしょう。その欲を満たせる環境を求めて転職を考えました。

——バイタリティがおありなのですね。独立には何かきっかけが？

　一度相談を受けた案件は軌道に乗るまで見届けるのがコンサルティングのルールなので、途中で担当を外れることができません。その中で転職活動との両立は難しいと感じ、退社してフリーコンサルタントとして働きながら転職先を探すことにしました。折を見て条件の良い会社に入るつもりが、色々と依頼を引き受けていく内に人脈と規模が大きくなっていき、個人事業主がいつの間にか会社を立ち上げることに（笑）。

——コンサルタントとして社長を信頼する方が多かったことが窺えます。

　直感的ですが、企業が抱えている問題の本質を経営者や部長層から聞き出す能力に長けていると自負していますね。当社は現在、IT プロジェクトを中心に DX 戦略の立案と実行、プロジェクトマネジメントの代替なども引き受けています。また、私自身は戦略バックグラウンドのため、会社としても戦略案件やM&A、新規事業系の案件も手掛けております。IT 関連を主軸に企業の困りごとを解決するよろず相談窓口といったところですね。他にも、ウェブを使った企業とフリーコンサルタントのマッチングプラットフォームビジネスを始めようとしております。IT 人材不足で個人単位でコンサルタントと契約したいという中堅企業なども多い中、両者の出会いの場が少なすぎると感じたのです。

——フリーコンサルタントとして働いた経験がある社長ならではの視点ですね。社長が手掛けるコンサルティングとは？

　色んなサービスをワンストップで手掛ける大手コンサルティング会社がある中、当社は適正なサイズとコスト、クライアントのニーズに合わせたカスタマイズ型のコンサルティングの実現に努めています。自社コンサルタントと専門領域で優秀なフリーコンサルタントを組み合わせて大手に比べてコストを抑えており、上流から下流まで適正な価格でお応えできるのが当社の強みですね。

——お話は尽きませんが、最後に今後の夢はありますか。

　今後、DX 化が進んでコンサルティングはブラックボックス化していき、お客様志向から離れていく可能性がありますが当社はあえて、「可視化された困りごと解決」のスタイルを大事にしていこうと考えています。そして、ゆくゆくは株式上場したい。マンガの主人公のように周りに様々な能力を持つ仲間が集まっていき、グループとして勝ち進んでいく、そんな組織が理想ですね。

——本日はありがとうございました。

（取材／2023年1月）

ゲスト　藤森 夕子

「『LASINVA』という社名は羅針盤から取られていて、"企業の舵取りのお手伝い"という意味が込められているそうです。その溢れるバイタリティでクライアント企業の舵を取り、成功へ導いていってくださいね！」

ハード面とソフト面でエステ経営を支援する
オーナーと並走するプロフェッショナル

代表取締役
楠本 文哉

かつて、大手企業で入社4年にして並々ならぬ実績を上げ、評価されていた楠本社長。しかし世間一般的なサラリーマンとしての成功をあっさり手放し、立ち上げたのが『b-models』だった。社長が推進する事業内容と、経営に込める思いとは──タレントのつまみ枝豆氏が社長のもとを訪れ、その真意に迫った。

──『b-models』さんでは、どのような事業をされているのですか。

エステの美容機器販売とサロン経営コンサルティング事業です。また、東北でのエステサロン事業や、淡路島でのアイスクリーム事業なども別のグループ会社で行っています。

──楠本社長がお若くして独立されるまでの経緯とは？

私は淡路島出身で、母子家庭で育ち中学校にはあまり行きませんでした。家で一人で過ごす時間が多かった時に色々と考えたことが、今経営を進める上での原点になっています。卒業後は京都の大学に進学して、株やFXを行っていました。ですが就職するにあたって卒業前に全て売り払い、入ったのが前職場である大手コンサルティング企業でした。

──ちょっと人とは違った学生時代かもしれませんね。就職後はどんなお仕事を？

美容サロンのコンサルチームに所属していました。入社時の給与は決して高くない中、日付けが変わるまで働いていた

ので、計算したら時給500円くらいでした（笑）。ですが幸い売り上げを伸ばすことができ出し、4年後に年収が1千万円を超えました。当時の美容コンサルタントとして歴代1位の記録だったので、目標を達成したという形で退職したんです。

──え！　行動の予測がつきませんね（笑）。周りから反対されたでしょう。

「正気か」と言われました（笑）。ですが自分の子どもが成人した時を想像し、父親の生き方として何を残せるか、と考えたんです。そして起業を決心し当社を設立。6人の仲間がついてきてくれ、現在社員数は43名まで増えました。

──エステのコンサルからスタートされたのでしょうか。

そうです。エステサロンは個人経営者が多く、組織として持続可能な形が固まっていないケースもあります。そこで「高品質のエステマシン×プロの経営コンサル」の提供を基本のビジネスモデルとしてスタート。経営者の方には、若い世代と一緒に変わっていく気持ちがあるか、本気で年収を上げたいと考えているかなど、条件に同意し賛同していただいた上でコンサルをしています。チームとしては経営者側と労働者側が共有できる目標を1つでも増やすことが大切で、それは当社でも意識していることですね。

──その中で、サロンの展開を東北でされているのはどうしてですか。

まず、子育てと仕事を両立したいお母さ

んの支援を想定しました。全国平均と比較すると、東北は平均所得が低く母子家庭の地域が多いため、そちらでのスタートを決めたんです。就労時間は9時から18時まで、給与は一般的なエステサロンの約1.5倍。年間130日の休暇を実現しています。会社として、物心両面の幸福を提供することで、私が美容・エステの世界でたくさん学ばせていただいたご恩を、まずはエステサロンの少ない東北地域で返していきたいと思っています。

──アイスクリームショップだけ毛色が違いますが、こちらは？

ある日、うちの子がペンギンのアイスクリーム屋さんの絵本を持ってきて、「こんなお店があったらいいな」と言ったんです。それを叶えようと、故郷である淡路島で立ち上げました。まだ1年目ですが、夏ごろにはまた新たな展開もできる予定ですよ。可愛くて夢のある世界、自分の子どもや淡路島に来られる人にとって魅力的な時間を提供していきたいと思っています。エステのコンサルや店舗展開では、いずれは海外進出も視野に入れていますので、地道に推進していきたいですね。

（取材／2023年1月）

ゲスト
つまみ枝豆

「経営セオリーや働き手の幸福についてなど、言語化しにくい要素を論理的に掴んでおられ、膝を打つ場面も多々あり驚かされました。それも機械的ではなく感情に響くようなお話で、素晴らしい経営の才を感じましたよ。まだ20代の楠本社長ですから、これからますます楽しみですね」

株式会社 b-models

大阪府大阪市淀川区西中島 3-8-15
EPO SHINOSAKA BUILDING 302
URL：https://b-models.co.jp
【あわじ島アイスクリーム】
URL：https://awajishima-icecream.com

指導とパワハラの線引きは？

パワハラの定義と対策

近年、様々な業界でパワハラ（パワーハラスメント）問題が顕在化し、その撲滅に向けた動きが広がっている。実際に厚生労働省の調べによると、パワハラを受けた経験がある労働者は少なくない。今やパワハラ防止策に取り組むことは、事業者の義務となっている。

その一方で、部下を持つ立場の人間が、「ミスした部下を指導しただけでパワハラだと言われるのではないか」と萎縮してしまうこともある。そうした事態を防ぐためにも、どのような言動がパワハラに当たるのかを社員たちに認識してもらうべきである。

パワハラは、主に次の6タイプに大別できる。

①**精神的な攻撃**……脅迫・名誉毀損・侮辱・暴言

例：「役立たず」など人格を否定するような言葉での叱責。

②**身体的な攻撃**……暴行・傷害

③**過大な要求**……業務上明らかに不要なことや遂行不可能なことの強要・仕事の妨害

例：些細なミスについて見せしめ的に始末書を書かせる。他の社員より著しく多い業務量を課す。

④**過小な要求**……業務上の合理性なく能力や経験とかけ離れた程度の低い仕事を命じる・仕事を与えない

⑤**人間関係からの切り離し**……隔離・仲間外し・無視

⑥**個の侵害**……私的なことに過度に立ち入ること

例：立場の優位性を利用し、私生活について執拗に聞く。携帯電話やロッカーなどの私物を覗き見る。

パワハラを防止するには、日頃から研修などを行い、社員一人ひとりがパワハラへの理解を深めることが肝要である。また、普段から社員同士でコミュニケーションを図っておくことで、何か異変があればすぐに気付くことができ、被害者も相談しやすくなるだろう。職場全体でパワハラ対策に取り組むことが、風通しの良い職場づくりを実現するのだ。

代表取締役
田中 幸義

義理人情と確かな技術で丁寧に施工し、
電気通信工事で快適な生活を提供

オフィスや店舗、産業用設備の電話工事・LAN工事・光ケーブル敷設工事など様々な電気通信工事を手掛ける『日本アイティーシー』。同社の田中社長は業界で長年培った経験を活かした丁寧な施工、義理人情を大事にする実直な対応で、周囲から厚い信頼を得ている。本日はそんな同社をタレントの島崎俊郎氏が訪問し、社長に様々なお話を伺った。

——まずは、『日本アイティーシー』さんの沿革からお聞きかせください。

私が25年以上勤めた電気通信会社の担当部署が独立する形で、2020年に立ち上げられた会社です。当社は主にオフィスや店舗、産業用設備の電話工事、LAN工事、光ケーブル敷設工事、その他様々な電気通信工事を手掛けています。円満退社だったので前の会社と、それから先に独立していた後輩の会社3社

で提携して、仕事をしています。

——良好なご関係を築いておられるのですね。独立後はいかがでしたか。

最初の1年は体調を崩してしまって不安に駆られましたが、なんとか乗り切りました。自分は九州男児ですから義理人情を大事にする性分で、恩義がある相手なら損を承知で仕事を引き受けていたのです。そうやって筋を通して仕事をしていると、2022年から仕事をたくさん頂けるようになってきました。時代に合わせていくべき部分もありますが、これからも義理人情を重んじながら仕事に取り組んでいきたいですね。

——**社長の義理堅いお人柄が窺えます。**

また、日々のコミュニケーションも大事にしています。腕はあるけれど職人気質で人付き合いが苦手な方もいますが、私はそういうタイプではないですね。私たちは技術を売って仕事をしているわけですから技術が高いのは当たり前。ありがたいことに、ご紹介で仕事が広がっており、お客様と上手く打ち解けてちょうど良い距離感を保ちながら信頼関係を継続できるかが重要だと感じています。

——**業界を問わず、コミュニケーション能力は大事ですね。**

社内でも、「俺についてこい」と引っ張っていくのではなくて、社員全員でワイワイと楽しく民主的に物事を決めながら仕事をしていますね。実は以前の職場で腕のいい職人が辞めてしまうことがあったのですが、それは対話が少なかったために気持ちがすれ違ってしまった結果だったのです。ですから、社員同士で積極的に対話を重ねるよう心掛けているんですよ。また、私は昔から先輩に怒鳴られても納得できるまで食い下がっていましたし、だからこそ自分が教える側になった時、覚えの悪い後輩には根気よく丁寧に指導していました。その粘り強さのお陰でリーダーの立場も務まっているのだと思います。

——**そんな社長だからこそ、社員の方々も安心してついてこられるのでしょうね。今後はどのような目標を？**

仕事の規模を拡大し、人員を増やして、利益が出たら社員へ還元していきたいですね。それから、責任は私が取るので社員の夢を後押ししていきたい。それが社長の役目ですから。人を大事にした経営で、"儲かる会社"よりも"いい会社"にしたいです。

（取材／2023年1月）

ゲスト
島崎 俊郎

「田中社長は黒崎祇園山笠に毎年出ているそうです。あれだけの大人数で息を合わせるのは、究極のコミュニケーションと言えるかもしれませんね。義理人情、コミュニケーションを大事にする社長のこれからの活躍が楽しみです！応援していますよ」

日本アイティーシー 株式会社
福岡県北九州市八幡西区陣原3丁目17-23
URL：https://www.japanitc-ltd.com/

住まいの困りごとならお任せ
顧客第一のライフパートナー

代表
白石 祐嗣

電気配線工事に留まらず、エアコン取り付け、オール電化工事、リフォーム全般、外構工事まで手掛ける『総合建設アキレス』。白石代表はどんな仕事にも「できません」と言わない姿勢で顧客の要望に応え、着実に評価を得ている。本日はタレントの島崎俊郎氏が代表のもとを訪問し、お話を伺った。

――『総合建設アキレス』さんはどのような業務を手掛けておられるのですか。

電気工事業を主軸に、エアコン・アンテナの取り付け、水道工事、リフォーム全般、外構工事、草刈りなどの便利業まで幅広く請け負っております。頼まれた仕事は基本的に断りませんので、お気軽にご相談いただきたいです。

――独立には何かきっかけが？

学生時代から電気・水道工事会社を営んでいた父に同行して現場へ行くことがあり、「この仕事が私の天職だ」と感じたことから建設業界に入りました。仕事を覚えてくると自分の力を試してみたいと独立への興味が芽生え、24歳で独立。最初は本業の電気工事の仕事が全くなく、草刈りや片付けなどの便利業も依頼

があれば、ありがたく請け負わせていただきました。そうして少しずつ資金を貯め、集客に結び付けばとホームページを作ったことで、当社のことを知ってもらう機会が増えました。そこから本業の電気工事の依頼も増えて、応じていくことで信頼を得ていき、今に繋がりました。

――今でも変わらず便利業を？

もちろんです。仕事を頂いている有り難みを忘れないために、今後も対応していきます。どんなことでも「時間がないからできない」「経験がないからできない」など、やらないための言い訳はしたくないので、常にできる方法を探します。また、引き受ける以上はご満足いただけるように完璧な仕上がりを提供します。

――その心掛けがあったからこそ業容が広がったのですね。

完璧に仕上げたいという思いが強い理由は、お客様のためはもちろんですが、もう１つあるんです。当社の仕事がここまで増えたのは、付き合いのある業者さんがハウスメーカーさんやお客様に当社を紹介してくれたからなので、紹介してくださった方の顔に泥を塗るようなことはしたくないからです。周りの人たちに

育てられた会社ですので、技術で恩返しをしていきたいです。

――最後に、今後の目標をお聞きします。

目標ですか……。目標は仕事内容でも技術面でも色々ありますので、これとは言えませんが、とにかくその目標と今の自分との差を埋めるために必死に行動を取ることです。それが先々、お客様のためになると思っております。そして継続してご依頼を頂くために全ての仕事に全力で取り組みます。ハウスメーカーさんも良い家を作るために最新の設備をどんどん取り入れてきていますので、今までの経験を活かしながら対応していきます。そのために経験してきたことを常に復習し、新しいことを学習し続けます。どんな現場でも「『総合建設アキレス』に任せれば安心」と思っていただけるように精進して参ります。

（取材／2023年1月）

ゲスト
島崎 俊郎

総合建設 アキレス

【本社】福岡県京都郡苅田町若久町３丁目8-11

正社員：随時募集

URL：https://www.achilles-8819.com/

【飲食事業部】Jazzy Coffee

福岡県北九州市小倉北区真鶴２丁目１番13号 真鶴ビル１階102号

「独立から11年以上経ちますが、白石代表は初心を忘れずに日々勤勉な姿勢を心掛けておられるそうです。『できない』と言わず、新しいことに挑戦を続ける姿勢は、経営者としての武器ですね。ますますのご活躍を楽しみにしていますよ」

真摯にお客様の喜びを創造する 鳶・リフォームの職人集団

代表取締役
菅 大海

鳶工事、外壁塗装・屋根工事から内装リフォームまで住宅に関する工事を幅広く手掛ける『創造建設』。同社は自社一貫施工が可能な体制と誠実な姿勢で以てお客様に向き合い、社員同士の結束力を武器に事業へ邁進している。本日はタレントの野村将希氏が同社の菅社長を訪問し、インタビューを行った。

——早速ですが、『創造建設』さんの沿革からお伺いします。

私は19歳で鳶の仕事を始め、21歳の時に同じく鳶職人だった伯父と鳶の会社を立ち上げました。それが当社の母体となる『菅虎』です。それから数年、新しい仲間が徐々に集まり、取引先にも恵まれ、事業主としての自信を得たので伯父

ゲスト
野村 将希

の了承を得て独立を果たし、この『創造建設』を立ち上げました。まだ設立から2年足らずですが、20代での独立が叶って嬉しいですね。地域に密着した仕事ですので職人たちも地元の人間。友人や先輩の繋がりから人が集まり、社員は現在18人で、下請けも加えると鳶職人だけでも45人ほど抱えています。平均年齢は25歳くらいで、若さと勢いは他社に負けませんよ。

——若き人材が揃っているのは会社として武器になりますね。では、御社はどのような業務を？

鳶工事だけでなく、外壁塗装・屋根工事・住宅リフォームも手掛けており、熟練の職人による自社一貫施工で、お客様の要望に柔軟にお応えしています。当社は徹底した調査・ヒアリングを行い、最高の提案を致しますので、何でもご相談いただきたいですね。また、完工してからも丁寧なアフターフォローを心掛けています。そうして信頼を重ねていき、お客様と長くお付き合いしながら気軽にご相談いただけるような関係性を築いていきたいですね。

——顧客本位を重視されていますね。

また、正直さや素直さも大切にしてい

ますね。嘘や誤魔化しは仕事ぶりに現れるものだと思っていて、大げさかもしれませんが現場では命に関わる作業もあるので、正直・誠実な姿勢で連携を図ることは非常に大切なのです。

——最後に、今後の目標をお伺いします。

会社としては建設業許可を一日でも早く取得し、地元の公共事業などで実績を積んでいきたいです。そのためにも社員の力は必要不可欠ですから、一日単位で自己目標を作って努力し、成長していってほしいですね。また、SDGsに貢献するという目標を持って、リフォーム業を通したCO2削減など当社にできるところから取り組み始めています。それから、鳶の仕事に思い入れがあり、職人も多く抱えているので、営業に努めて鳶の仕事も増やしていきたい。まだまだ、やりたいことが沢山あります。利益追求や会社の規模拡大を優先するのではなく、従業員が『『創造建設』にいてよかった』と思えるような会社を目指していきます。それから、個人としては自分の子どもたちが大人になった時に誇りに思ってくれるような父親、地元の親方になれるよう、真っ当な男でありたいです。

（取材／2023年1月）

「『創造建設』さんは菅社長の幼馴染が常務を務めているなど、社員同士が家族のような関係性を築いておられるそうです。その結束力の強さと若き人材の豊富さで、これからも活躍されていくことでしょう。期待していますよ！」

株式会社 創造建設

千葉県東金市堀上 147-3
URL：https://www.souzoukensetu.jp/

義理人情と技術と気概で迅速・確実に仕上げる鳶集団

代表取締役
宮﨑 邦彦

「丁寧に・迅速に・確実に」を理念に鉄骨建方、足場組立・解体、コンクリート打設を手掛ける『一建設』。宮﨑社長は、先代社長の義理人情を重んじる姿勢が根付く同社を牽引する。大手ゼネコンや大規模元請業者から受注するなど、確かな信頼を築き上げた。本日は俳優の野村宏伸氏が社長にお話を伺った。

――早速ですが、宮﨑社長が鳶の世界に入られたきっかけは何ですか。

仲間の父親に誘われ、18歳の時に『一建設』の仕事に携わらせてもらったのがきっかけで、この道一筋です。未経験でしたが、直感的に"自分にはこれしかない"と、この仕事の面白さに魅了されました。それから、先代社長が「よく頑張るな。ずっとこの会社にいろ」と認めてくれ、この仕事を生業にしようと決めました。先代は豪快で優しく、家族のように社員と接してくれる義理人情に厚い方で、そんな人間性も魅力に感じました。

――懐の深い先代社長だったのですね。そちらで経験を積み、後継を。

先代から「俺の後はお前しかいないから継いでくれ」と言われたのです。当時

は驚き、涙が出るくらい嬉しかったですね。そして、2022年の6月に引き継ぎ、「『一建設』はすごいな」と皆が一目置くようなレベルにまで上り詰めてやろうと頑張りました。それが今に繋がっています。先代が亡くなった時は目標を見失いかけ、どう進むべきか迷った時期もありましたが、仕事を始めたころの「この仕事で一生食っていく」という気持ちをふと思い出したんです。それに、先代が自分を導いてくれたように、この仕事に懸けている若い社員たちを引っ張っていきたいと強く感じました。そう決めると迷いはなくなり、自分の思うように進んでみようと前を向くことができましたね。先代の想いを大事にしながら、自分の色も出していきたいです。

――素晴らしい師弟関係ですね。社長の覚悟は若い社員の方々に伝わっていると思いますよ。

月に1回は各現場の職長を集めて会議を開き、社員とコミュニケーションを積極的に取っています。当社は鉄骨建方、足場組立・解体、コンクリート打設を手掛けており、どんな工事も心を込めて丁寧に、迅速に進め、確実に納期までに完成させることを徹底しているので、社員

同士のチームワークが重要なんですよ。仕事ぶりを評価していただき、大規模元請業者からも仕事をいただいています。

――今後の目標はありますか。

会社としては、東海地方で一番になりたいですね。愛知県で一番になりたいというのが先代の夢でもあり、仕事を下さっている会社や元請けも愛知県が多いので、さらに東海4県を見据えて事業を拡大したいです。また、個人としては、先代のような人間になりたいですね。この世界の厳しさも魅力も教えていただき、自分の父親も同然。偶然ではなく、出会うべくして出会ったのだと感じていますし、今に導いてくれた先代のためにも、若いスタッフを牽引し、先代から受け継いだ当社を成長させていきます。

（取材／2023年1月）

ゲスト
野村 宏伸

「対談を通して、宮﨑社長の先代への深い尊敬が伝わってきました。先代から社長へ受け継がれてきた義理人情を重んじるお人柄があったからこそ、『一建設』さんは周囲や社員さんからの信頼を集めておられるのでしょうね。応援していますよ！」

一建設 株式会社

静岡県焼津市石津向町8-23
URL：https://hajime-cc.jp/

外構工事関連に幅広く対応し、さらなるエリア拡大を目指す

AROUND
株式会社 AROUND
三重県松阪市嬉野上野町 1183-1

ゲスト　つまみ枝豆　　×　　代表取締役　長井 佑一

一般家庭や店舗などの外構工事を、設計から施工、アフターフォローまでワンストップで手掛けている『AROUND』。防護柵やガードレールなどの公共エクステリア分野にも対応可能で、その幅広さが強みの一つだ。本日はタレントのつまみ枝豆氏が、同社の長井社長のもとを訪問しインタビューを行った。

——早速ですが、長井社長のお仕事の経歴からお聞かせください。

中学校を卒業してすぐ現場仕事に就きました。塗装屋や工場での勤務など、色々と経験しましたね。そうして現場に出ていると、どうやって仕事が生まれるのかに興味が出てきて、鉄道関係の資材を扱う商社に転職。営業マンとして全国を回るようになりました。そして20代後半でまた職人仕事に戻り、現在も手掛けている外構工事の仕事を始めたんです。

——独立までされているのですから、このお仕事が向いていらっしゃったのでしょうね。

はい。やってみて「これだ」という感覚がありました。エクステリア工事はお庭の中まで入らせていただくので、お客様との距離が近いんです。家族構成や将来設計のことまで考えた上で、しっかりとコミュニケーションを取りながら形にしていく。そんな過程に大きなやり甲斐を感じました。そして、中学生時代からの同級生で、設計を手掛けられる仲間が当時からいましたので、独立を決意したんです。図面の製作から施工、アフターフォローまで全て当社でカバーできますよ。幸いにも周囲の方々に恵まれたお陰で、仕事が途切れることなく現在まで来ています。

——同業他社さんも多い業界かと思いますが、『AROUND』さんの特徴はどんなところでしょう。

手掛けられる仕事の範囲の広さです。一般家庭の外構、エクステリアなどがメインですが、店舗のほか、公共エクステリアという分野にも対応できるんですよ。例えばガードレールの施工や、橋の上の転落防止柵の修理など。これらは、交通事故が発生した時に保険の窓口から連絡が来て、工事業者として現場に入ったりするんですよ。

——確かに、一般的に聞く外構工事の業者さんとは守備範囲が違いますね。実に頼もしい存在です。それだけの仕事をするためにはマンパワーも必要でしょう。

社員は6人ですが、協力してくれる周囲の職人さんたちも合わせると、十数人で動くこともあります。お陰様で比較的順調ではありますが、競争はますます厳しくなると見込んでいます。ですからここ三重県を軸にしつつ、今後は名古屋など東方面にもエリアを拡大していきたいですね。

（取材／2023年2月）

「当日は事務の方にもお話を聞くことができました。長井社長とは古い知り合いだそうで、『昔から優しい人。仕事も非常にやりやすいです』とおっしゃっていました。そのお人柄がお客様とのコミュニケーションに役立つのだと思いますし、協力関係のお仲間がたくさんいらっしゃるのも頷けますね」　つまみ枝豆・談

人々の生活をより良くしたい── 志高くインフラ整備で社会に貢献する

代表取締役
富成 飛翔

プラント工事や橋梁工事、土木工事を中心にインフラ整備に関する工事を得意とする『成栄』。同社の富成社長は「人生一度きり」「挑戦を恐れない」「志高く」を信条に自己研鑽を重ね、顧客のニーズに責任感を持って応え、着実に信頼を集めている。本日はタレントのつまみ枝豆氏が同社を訪問、お話を伺った。

──『成栄』さんは橋梁工事やプラント工事、土木工事など幅広く手掛けておられますね。富成社長がこの業界に入ったきっかけは何か？

ご縁があって、プラント工事を手掛ける会社の社長に出会い、仕事を手伝ってほしいと頼まれてそちらの会社で働くことになったのです。17歳の時のことで

ゲスト
つまみ枝豆

した。予てから経営者になりたいという想いがあり、2年ほど経ったころに一度辞めて独立したのですが、当時は経験が圧倒的に足りず事業が立ち行かなくなり、社長に頭を下げて会社に戻らせてもらいました。再び快く迎え入れてくださり、本当に心の広い方でしたね。今でも尊敬しています。

──そこで改めて経験を積み、独立に再挑戦されたのですね。

はい。そちらで4年ほど働き、再び独立を果たしました。「番頭になって、皆を束ねてほしい」と頼まれた折だったので迷いはあったのですが、現場でお世話になっていた方が「人生は一度きりだし、恩返しは色々な形でできるからやりたいことはやったほうが良い」と背中を押してくれ、『成栄』を立ち上げました。前職の社長とは今でも付き合いがあり、仕事上、協力し合うこともあります。本当に人に恵まれていると感じますね。

──再び独立されていかがでしたか。

最初は仕事がなく焦りましたが、仕事を確保するために必死に営業活動をしました。大半は断られましたが、その中でいただけた1件、2件の仕事を大切にこなすうちに仕事ぶりを評価してもらい、

徐々に仕事が入ってくるようになりました。皆さんの信頼を大事に、当社はお客様のニーズに迅速かつ的確に応えることで、お客様に貢献できるよう常に考えながら仕事に取り組んでいます。そして、引き受けた以上はやり遂げるという責任感を持って臨んでいます。

──お客様の視点に立った姿勢と責任感の強さが評価されたのですね。どの業界でも人手不足が課題ですが、人材育成で大切にされていることはありますか。

やはり人は宝なので、お互いが寄り添い合えるような関係性を築くことを心掛けていますね。当社には若い世代から50代のベテランまで幅広い世代の従業員が15名ほど在籍しています。経験を積んで巣立っていく方もおり、人材育成の大変さを感じますね。でも、私も快く送り出してもらった身ですから、社員の巣立ちを応援していますよ。

──業界の発展に貢献なさっていると思いますよ。最後に今後の夢はありますか。

夢はたくさんあるので難しい質問ですね（笑）。この事業を長く続けながら、他の事業柱も育て、いずれは全国に支社を持つことができれば嬉しいです。

（取材／2023年2月）

『『成栄』という社名は富成社長の“成”と栄える意味の“栄”から名付け、末永く栄えること、そして現場作業の“精鋭”になるという想いが込められているそうです。挑戦を恐れずに成長を続ける同社にピッタリですね。応援していますよ！」

株式会社 成栄

SEIEI

岐阜県岐阜市薬師町 56-1
URL：https://seiei-2020.com/

若い力による妥協なき仕事を
建物の価値を守る塗装の匠

代表取締役
茂松 雄二

建物の外観を美しく保ち、且つ資産価値を守るためにも欠かせない塗装工事。そんな塗装工事を主軸としているのが『茂松塗装』だ。現在は一般住宅の他、マンションなどの大きな現場にも入っており、技術力の高さに定評がある。本日はタレントのつまみ枝豆氏が、同社の茂松社長にインタビューを行った。

――茂松社長が塗装業界に入ったきっかけは何だったのですか。

たまたま地元の先輩が塗装工事会社で働いていて、興味を持ったことがきっかけです。最初は鉄筋工事会社で働いていたんですが、16歳で塗装工事業界に入り、それ以来この道一筋です。

――とても性に合っていたのですね。

ゲスト
つまみ枝豆

ええ。私は元々整理整頓を欠かさないなど綺麗好きなんです。塗装は建物の外観を美しくする工事でもあるので、細かいところまで妥協せずに質を追求するのはとても楽しいですね。それにどんどん新しい塗料が出てくるなど勉強が欠かせない仕事でもあるので、その奥深さに魅了され、打ち込んでいきました。

――どれくらい修業されたのですか。

5、6年ほどです。そして独立し、個人事業主としてスタートしたのが22歳の時でした。2023年で創業5年を迎えたのを機に『茂松塗装』として法人化しました。

――順調にステップアップされていますね。当初から順調にいきましたか。

スタート時から社員が1人いたので、仕事を確保するためにも奔走しました。まずは同業者に声を掛け、元請会社様にお願いして現場を手伝わせていただいたんです。最初のころは私自身の若さを侮られることもありましたが、徐々に仕事を評価してくださる方が増えて、軌道に乗っていきました。良いご縁を得ることもできましたし、本当にありがたいことだと思っています。

――地域に同業者は多いのでしょうか。

多いですね。その中で当社を選んでいただくためにも一つひとつの仕事が大切です。丁寧に施工し、お客様に喜んでいただいて、次の現場にも呼んでいただく――それを目指して妥協のない仕事で信頼関係を築いてきました。自分はもちろん、社員に対しても「自分の家だと思って塗装してほしい」と伝えています。

――お客様が御社を選ぶのも納得です。現場は一般住宅が多いのでしょうか。

一般住宅はもちろんマンションなど、規模を問わず様々な現場に入ります。社員だけでは手が足りない時には、協力会社の方々にも支えていただいており、10代、20代の若手が多く、活気や機動力があるのも当社の強みの一つです。

――業界では不足していると言われている若手がいらっしゃって、これからますます伸びていきそうですね。今後についてはどんな展望をお持ちですか。

法人化も果たしたので、これからも幅広く沢山の方に『茂松塗装』を知ってもらい、お客様から「『茂松塗装』だからまたお願いしたい」と言っていただけるように、技術力やコミュニケーション力などもさらに磨いていきます。

（取材／2023年2月）

「『茂松塗装』さんで活躍されている職人さんは、茂松社長と古いお付き合いがあったり、現場で新たに出会ったりなど、繋がりで入ってこられた方ばかりだそうです。お互いに気心や仕事ぶりが知れていて、より良いお仕事ができそうですね。これからも皆さんで力を合わせて頑張ってください」

株式会社 茂松塗装
愛知県名古屋市港区小碓 3-95

スヌーズレンを使った療育で 子どもたちの可能性を広げたい

株式会社 ぐぅ

北海道札幌市北区屯田 4 条 5 丁目 14-18
URL：http://hp.kaipoke.biz/vgb/

代表取締役 **宮本 将希**

×

ゲスト **島崎 俊郎**

札幌市にて放課後等デイサービスを手掛ける『ぐぅ』。同社の宮本社長は障がいのある子どもたちがリラックスできるスヌーズレンを取り入れるなど、その能力や可能性を引き出す環境づくりに努めている。本日はタレントの島崎俊郎氏が社長のもとを訪問し、様々なお話を伺った。

――早速ですが、『ぐぅ』さん立ち上げまでの経緯をお聞かせください。

　もともと子どもが好きで、学業修了後に児童養護施設で 2 年働きました。その時に、いつか障がいのある子どもたちを支えたいという目標ができたんです。それからもっと色んな方面を経験しておこうと、理学療法士の資格を取得し、高齢者や障がい者施設、訪問介護、デイサービスなどの仕事をしました。そして、以前勤めていた会社で高齢者施設の立ち上げに携わった後、地域に根差して皆さんの役に立ちたい、障がいのある子どもの明るい未来のために尽力したいという想いを形にしようと、2023 年 1 月に『ぐぅ』を立ち上げました。まだオープンして間もないですが、当施設には言語聴覚士・看護師・作業療法士・理学療法士など職員が持つ資格の幅も広く、一人ひとりが培ってきた知識や経験を活かして利用者やご家族にご満足いただけるようなサービスを提供していこうと思っています。

――これまで蓄積してこられた経験が大いに役立っているのですね。

　以前の会社で施設の立ち上げを経験したため、施設運営に必要なコスト、運営のノウハウを知ることができました。また、当社は人材育成に力を入れていて、外部講師を呼んだり、研修制度を取り入れたりと、資格を持っていない職員でも一から学べる機会を作っています。社風として経営者がカリスマ性を持つ組織もありますが、当社では皆の働きやすい環境、能力を存分に活かせる環境を私が作り、職員にカリスマ性を発揮してもらいたいですね。そのほうが成長につながると思いますし、職員が主体性を持って働き、ミスが起きた場合は私がフォローすればいいですから。

――社員が伸び伸び働ける社風なのですね。ところで、「スヌーズレン」という療育を実践されているようですが、どのような内容なのですか。

　ヨーロッパを中心に取り入れられている、暗い部屋で光・音・香りなどを発生させて五感を優しく刺激し、リラックスさせるセラピーのような療育です。寝る時は灯りを消すように、脳性麻痺や片麻痺がある子どもは暗い部屋でリハビリをすると緊張が和らぐのですよ。そこでスヌーズレンを導入して、落ち着ける環境で体操などをして体を動かしています。実際に専用ルームを用意して取り組んでいる施設は北海道ではあまりないと思います。子どもたちが以前よりも体を動かせるようになった様子を見られると、とても嬉しいですし、より意欲が湧いてきますね。

――ご家族も、安心して任せられるでしょう。今後のビジョンは？

　こちらの施設は満床なので、近くに新たな施設を借りる予定です。どのような想いで取り組んでいるかをお伝えし、子どもとご家族の方々に安心してもらえる場所を作りたいですね。そのためにも人材を求めており、この仕事は子どもに寄り添うことがなにより大切ですから、愛を持って接することができる職員が入ってきてくれれば嬉しいです。

（取材／ 2023 年 1 月）

After the Interview

「宮本社長は青春時代からサッカーに打ち込んでいて、ポジションはボランチだったそうです。職員の能力が発揮しやすい環境を作り、舵取りを行っていく姿勢はまさにボランチの役割ですよね。オープンしたばかりでまだまだこれからという時だと思いますが、職員一丸となってより一層の発展へ向けて、歩みを進めていってください。応援していますよ」　島崎 俊郎・談

訪問看護で患者に寄り添い
熱き想いで地域医療に貢献

代表取締役
井上 真生

医療業界で培った経験を活かし、地域医療に貢献したいという想いで『myplace』を立ち上げた井上社長。地域に寄り添った訪問看護事業所『りばてぃ』の運営を通して患者に向き合い、今後は発達障がいのある児童への訪問看護事業の展開も見据えている。本日は渡嘉敷勝男氏が社長にお話を伺った。

――まずは井上社長の歩みから。

昔から医療業界を志望しており、同業界で21年間経験を積んできました。28歳で病棟の看護主任、29歳で看護師長に就任。その後は地域の医療機関と連携し、患者さんの入退院・転院などを円滑に行うために、自院と他院・他施設をつなぐ地域連携室の必要性を病院に提言し、室長を務めました。別の医療機関の室長や地域福祉に関わる方と知り合うことができ、視野が広がりましたね。

――地域医療を良くしたいとの想いが、社長の原動力となっていたのですね。その後はどのように独立へ？

室長就任当初の地域の会合で「一緒に頑張っていこう」と声をかけてくれ、色んな医療施設を紹介してくれた別の医療機関の方がいたのです。私が恩人と仰ぐ方ですね。その方のお陰で出会いが広がって他の医療機関を知るうちに、自分が属している組織にも改革が必要だと感じたのですが、組織を動かすのは難しい。やがて、私は独立を決意しましたが、コロナ禍ではハードルが高いと感じていたのです。そんな中、自分の条件を受け入れてくれる法人があったので収入が減ることも厭わず入職し、新部署を立ち上げるなど精力的に働きました。そうして地域で3年経験させていただき、独立。『myplace』を立ち上げ、訪問看護事業をスタートさせました。以前勤めていた病院のスタッフが退職までして、ついてきてくれたのは嬉しかったですね。

――訪問看護に特化したのは何か理由があったのですか。

地域医療を俯瞰する立場になって訪問看護の必要性を切実に感じました。在宅看護は病気の発症や進行を抑える予防医療において重要で、保健医療福祉の課題に直結しています。訪問することで患者さん個人に寄り添える医療なのですよ。

――社長は一貫して地域医療に貢献したいという熱意をお持ちですね。最後に、今後の目標はお持ちですか。

実は私には恩人がもう1人います。以前勤めていた病院の方で、私とは真逆の意見や発想を持つため気付かされることが多かったのですが、とにかく仕事のパートナーとしては非常に優秀で、何度も助けられました。その方と試行錯誤しながら発達障がいの分野に関わって以来7年、地域医療によるサポートが必要だと感じていたので、これを機に発達障がいの児童を専門とする訪問看護を手掛けたいです。今後、法改正で小児医療の制度が充実して、新規参入する同業他社が増えると思うので、連携を図りながら地域医療に取り組めるよう予め整った環境を地域全体で準備しておきたいですね。それが今まで助けていただいた関係者の方々への恩返しだと思っています。

（取材／2023年2月）

ゲスト
渡嘉敷 勝男

株式会社 myplace
訪問看護 りばてぃ

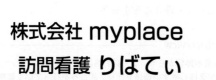

福岡県行橋市大字金屋851-1 SKメゾンⅡ G号

「対談を通して、井上社長の地域医療への熱意を感じました。また、『色んな役回りの人がそれぞれの特技を活かして困難を乗り越えていく組織を地域で作りたい』と語っておられ、その想いの強さにこれからの活躍を確信しましたよ！」

時流に乗ったサービスを取り入れ 低価格で本格的な肉料理を提供

有限会社 山ヨます屋商店
MASUYA MEAT&CRAFT BEER

北海道札幌市北区北23条西5丁目2-33
フラワービル2F
URL：https://www.masuyameatcraftbeer.com/

代表取締役社長　**吉野 正人**

×

ゲスト　**島崎 俊郎**

種類豊富なクラフトビール、精肉店直営による本格的な肉料理をリーズナブルな値段で楽しめる『MASUYA MEAT&CRAFT BEER』を運営する『山ヨます屋商店』。オープンから30年以上ながらも、時流に乗った展開で進歩を続ける。本日は島崎俊郎氏が吉野社長に30年の歩みを伺った。

──早速ですが、吉野社長の歩みからお伺いします。

　ここ札幌市で生まれ育ち、学業修了後は調理師学校へ進学。調理師になり、いずれ自分の店を持ちたいと思っていたのですが、精肉店を営んでいた父から「人手が足りないから手伝ってほしい」と頼まれて、精肉店で働き始めました。当時は景気もよく、やりがいを感じていたので10～15年ほど働きましたね。

──それだけ長く働かれ、こちらのお店をオープンされるきっかけは何かあったのですか。

　もともとは父がこの場所に中華料理屋を出そうとして、準備を進めていたのですよ。そんな中、私が以前メニューの監修をしたすすきのにある有名店のオーナーに相談すると、「これからのトレンドはビアホールだ」と言ってスタッフを貸してくれたのです。当時すすきのでは実際に流行っていたこともあり、父にビアホールをオープンしたいと頼み込みました。父からは「やるなら、自分の力でやってみなさい」と厳しく言われ、思い切って1989年2月に当店をオープンしました。

──その厳しさも親心でしょうね。オープンされてからは順調でしたか。

　最初の1年は赤字でしたね。昭和レトロなお店が多い、この地域の雰囲気に合っていなかったようです。知り合いに声をかけてお客様を連れてきてもらうような状況で赤字が続きましたが、父が赤字の分を補填してくれました。「1年経って利益が出なければ、売却しなさい」と言われたのですが、ありがたい限りでしたね。そうして1年が経つころから利益が徐々に出始め、どんどん売上が伸びていきました。

──30年以上もこちらのお店を続けてこられた要因は何だと思いますか。

　『MASUYA MEAT&CRAFT BEER』を掲げ、種類豊富なクラフトビールと、精肉店直営なので本格的で良質なお肉を仕入れ、リーズナブルな値段で提供して

いることだと思いますね。また、店内は広々としていて開放感があり、2次会や女子会など幅広いシチュエーションで利用できます。コロナ禍で飲食店は厳しい状況が続きましたがテイクアウトやデリバリー、スマホを使って注文できるセルフオーダーシステムを導入するなど、時流に乗ったサービスを提供してきたことも大きいでしょうね。息子が入ってくれたからこそ、実現できたことです。頼もしい限りです。

──ご子息も一緒に働かれているとは、父親としては嬉しいですね。

　息子は調理師で、いずれは店を継ぎたいと入ってくれました。息子には家庭をしっかり守りながら楽しんで働いてもらい、これからも協力しながら一緒に売上を伸ばしていきたいですね。娘も一緒に働いてくれていて助かっています。また、3月に海外へ修業に行き、帰国後は自分の店を持ちたいという目標を持ったスタッフがおり、彼が帰国した時には色々な話ができれば嬉しい。成長した姿が楽しみですね。

（取材／2023年1月）

After the Interview

「吉野社長のお父様が『山ヨます屋商店』のオープン当初に助けてくれたように、狂牛病が発生してお父様の精肉店が被害を受けた時は社長がお店を助けたそうです。『そこで父への恩返しを果たすことができた』と社長はおっしゃられ、家族の絆の強さを感じましたよ。これからもご家族・スタッフ一丸となって、お店を盛り上げていってくださいね」　島崎 俊郎・談

和風ラーメン
浦安 啓来
株式会社 幸来
千葉県浦安市北栄 1-1-4 チューナスカノウ 102
URL：https://www.urayasu-kourai.com

和食の道で磨いた技をラーメンに落とし込み
地元食材を活かした至高の一杯を提供

代表取締役　新井 規和

新井社長は和食の名門である『吉兆』で 20 年以上腕を磨いてきた人物だ。『幸来』のラーメンにはそんな社長のノウハウが詰め込まれており、こだわりの一杯を味わいたいと客足が絶えない。本日はそんな同店をタレントの野村将希氏が訪問。社長にインタビューを行った。

──新井社長は、『吉兆』ご出身だと伺っています。ラーメン屋さんとしてはかなり珍しい経歴ですよね。

はい。高校卒業後に『吉兆』に入り、20 年以上修業しました。勤務時代にお世話になった先輩がアメリカで出店された際に手伝ったことが刺激となり、私も独立に踏み切ったんです。経歴としては少々異色なので、この挑戦には批判的な意見もありました。それでも、学んできた和食の技術をラーメンに落とし込んで結果を出すしかないと、試行錯誤をしてきて今があります。

──ラーメンの特徴をお聞かせください。

地元である浦安の天然素材を活かし、鰹節、昆布、鶏ガラ、香味野菜などから丁寧に出汁をとり、無化調の和風スープに仕上げています。麺は国産小麦を使用した自家製で、コシが強く濃厚な旨味のスープと相性が良いですよ。トッピングには、味はもちろんのこと見栄えも意識し鯛、蛤、椎茸などを使用。以前、試作していた際にチャーシューやメンマといった一般的なトッピングで仕上げて写真に撮ってみたところ、ごく普通だなと感じてしまいまして。他店さんと差異化するためにも工夫が必要だと考え、こうした形になりました。

──さすが、あらゆる面でこだわっていらっしゃいますね。

お客様は、私を「吉兆出身」として見られるので、中途半端なことはできません。お陰様でスープまで全部飲んでくださる方が多くて、嬉しい限りです。お刺身や煮物などの一品料理も多数あり、居酒屋のようにご利用もいただけます。「蕎麦前」の文化をラーメン屋でもやりたいと思ったんです。ちなみにお酒は「舞浜地ビール」がお勧めです。当店では「身土不二」というコンセプトを持っており、これは「地元の食材を食べることが身体にも良い」といった意味合いです。これらのお料理やお酒を楽しんだ上で、締めにラーメンを食べていただけたら幸いですね。

──素敵ですね。一般的にイメージするラーメン屋さんと全然違います。

最近では東京都内にも出店しましたので、近々さらにもう 1 店舗出したいですね。そして 5 年後くらいを目標に、海外進出をしたいです。若い世代は、海外で挑戦したいと視野を広く持っている人も多いと思いますし、料理人の活躍の場を作っていきたいんです。そして、メイドインジャパンの魅力が世界に広まっていけば嬉しいですね。

（取材／ 2023 年 1 月）

ゲスト　野村 将希
「ラーメンはもちろん、一品料理からお酒まで全てにこだわりが光り、本当に美味しそうでした。お客様も食通の方々が多いようです。1 度は行ってみる価値があるお店だと思いました」

楽しさではどこにも負けない 郊外ながら賑やかなラウンジ

ママ
藤井 恵

福山市の繁華街から離れた場所ながら、都会的で瀟洒なデザインと居心地の良い雰囲気づくりで県外にもファンがいるラウンジ『LUCE』。スタッフ・お客様の双方が楽しい時間を過ごせる店づくりで人を呼び込み、周辺地域の活性化にも貢献している。本日はラッシャー板前氏が同店を訪問し、藤井ママにお話を伺った。

──繁華街から離れたロケーションにありながら、『LUCE』さんは大きくて内装も外装も凝っていますね。

場末の寂れたラウンジというようなイメージを壊したいと思って、知り合いに頼んで凝ったデザインを考えてもらい、若い女性スタッフがたくさんいる華やかなお店にしました。立地のこともあって

ゲスト
ラッシャー板前

「賑やかな繁華街から離れた場所だと感じさせないお店づくりで、お客様の中には『こんな場所にこんな賑やかなラウンジがあるんだ』と驚かれる方もいるそうですよ。愛されるお店としてこれからも地域を活性化させていってくださいね」

周囲には「リスクが大きい」と止められましたが、うまくいく自信があり、思い切って当店をオープンしたんです。コロナ禍で大変な時期もありましたが、人件費は減らさず頑張ってきました。2023年で開店して4年になります。

──オープンに踏み切った自信の根拠は何だったのですか。

地の利では負けていても、女性スタッフが作る楽しさで負けなければ、繁華街に行くお客さんも引き込めると思ったんです。それにこの場所なら、繁華街でエスカレートする値引きやサービスの競争に巻き込まれずに、自分のペースでお店を続けられるだろうと感じていました。

──予想通りでしたね。お店の女性スタッフ同士も和気あいあいとしていて、居心地のよい雰囲気があります。

一般的なラウンジだと出勤時の洋服や接客時のドレスを買うのに出費がかさみますが、当店の女性スタッフは出勤時・接客時の服装もドレスではなく私服。お財布にも優しいし、お互いに見栄を張って着飾るのではなく自然体なほうが仲良くできると思うんです。こうした店では派閥やいじめがあるかもしれませんが、当店のスタッフに嫌な思いをさせたくな

いので、思ったことはその場で言ってもらうようにしていて、陰口・悪口も禁止にしているんですよ。

──スタッフ同士の仲の良さは意外とお客様にも伝わりますからね。

また、いつどのスタッフが席に付いてもその場を盛り上げ、お客様に楽しんでもらうことを大切にしています。そのため、アルバイトであってもサービスの仕組みからお店の細かなことまで全部覚えてもらっているんですよ。

──最後に、今後の目標をお聞きします。

オープン当初は手作りのチラシを近所のお店に置いてもらうなど苦労もありましたが、ありがたいことに今では繁華街のほうや県外から足を運んでくれるお客様もいます。お店が満席で入れない時は、時間をつぶすために周辺の飲食店で食事をしてから来てくれる方もいて、私たちが地元経済を回せているのかなと思えます（笑）。2022年の12月に法人化を果たしたので、初心に帰って一層頑張っていきたいですね。ゆくゆくは2号店の出店を考えていて、今度も市内の繁華街ではなく、この辺りでオープンできれば嬉しいです。やっぱり地元が好きですから。

（取材／2023年1月）

株式会社 LUCE
広島県福山市駅家町近田 375-1

「過ごせてよかった」と思える、優しさ溢れる施設を作る

（取材／2023年1月）

代表取締役　井上 公則
×
ゲスト　島崎 俊郎

DATA：

㈲アルファーレグルス
グループホーム 陽だまり
福岡県鞍手郡小竹町大字勝野 2777

——こちらの『陽だまり』さんはどのような施設なのですか。

当施設は認知症対応型のグループホームで、利用者さん第一で穏やかに過ごせる施設づくりを意識しています。もし利用者さんが上手くできないことがあっても見守り、優しく接して、「今日は楽しかった」と思って一日を終えていただきたいですね。介護の仕事は大変ですが、利用者さんから「ありがとう」と言われるとやりがいを感じますよ。利用者さんは人生の先輩なので、我々が教わることも多いのです。

——利用者さんに寄り添った誠実な姿勢ですね。いつから井上社長がこの施設の運営を手掛けるように？

知り合いのケアマネジャーから当施設の前オーナーが後継者を探しているという話を聞いて、2021年の11月頃に引き継いで、新たなスタートを切りました。30年近く介護一筋に歩んできた中で、雇われるよりも自分の力で施設を運営したいと思っていたのですよ。介護経験のある妻もスタッフとして当施設で働いてくれており、夫婦で力を合わせて経営しています。社長という責任ある立場になり、より一層身が引き締まる思いですね。

——最後に、施設として今後の目標はありますか。

地域の方に当施設をもっと知っていただき、スタッフ・利用者さんが増えて、もう一つ施設をつくれたら嬉しいですね。また、悲しいことですが当施設でも利用者さんを看取ることがあります。日々、寄り添ってきた分、看取る時は親を失うように悲しいものですね。それだけ利用者さんは私たちにとって大切な存在。私の考えですが、病院ではなく当施設のような穏やかに過ごせる場所で最期を迎えていただき、「人生の最期をここで過ごせてよかった」と思っていただけるような施設にしていきたいです。

培った紙加工技術を活かして新たな挑戦も見据える

（取材／2023年1月）

代表取締役　友弘 賀子
×
ゲスト　ダンカン

DATA：

友弘紙工業㈱
埼玉県さいたま市岩槻区城南 4-3-13
URL：https://www.tpico.jp/

——友弘社長が家業を継がれるまでの経緯をお伺いします。

当社は紙加工、紙加工製品の製造販売を手掛けており、元々は従弟が先代である父から継ぐ予定だったのです。一方、私は幼いころから絵を描くのが好きで、漫画家を目指していましたね。デビューのチャンスを掴んだこともあったのですが、様々な事情があり夢が潰えてしまいました。それ以降も他業種に携わりながら漫画を描くことは続けていた中、従弟が独立して、後継者が不在になってしまったのです。夢を追って上京していた弟が代わりに継ごうとしたのですが、弟の夢を応援していた父はそれを突っぱねたので、いよいよ私が継ぐことに。まさか自分が社長になるとは思っていませんでしたが、私が頑張る分、弟には夢を掴んでほしいですね。

——弟思いのお姉さまですね。実際に引き継がれて、いかがですか。

コロナ禍で宅配のニーズが増えたので、ボーガスペーパーという緩衝材の受注がここ2年ほどで倍以上になりました。原材料である古紙の品薄・コスト高が始まっているので、楽観視はできませんが今後も伸びていくと感じています。社長という立場ですが、社員と同じように一日中機械を操作しているんですよ。みなさん一生懸命に働いてくれていて、感謝しかありません。

——社員想いでいらっしゃる。そんな社長の今後の目標はありますか。

漫画への情熱が再び高まっているので、当社の製品を漫画で紹介するなど、仕事と結びつけていければと思います。それから、自分の強みを活かした異業種にも挑戦していきたいですね。例えば、過去に整体の仕事で学んだ施術法を使って美容・健康とアートを結びつけるなど、当社の事業とリンクさせた新たなビジネスができれば嬉しいです。

複数の事業柱を立てながら、ダーツの魅力を発信していきたい

（取材／2023年2月）

代表取締役　木庭 義和
×
ゲスト　渡嘉敷 勝男

DATA：

㈱ Birth

福岡県北九州市小倉北区下到津 4-14-1-3F

——まずは、木庭社長の経歴からお聞かせください。

　もともと、美容師として社会人の一歩を踏み出しました。そして独立資金を貯める目的で、自動車関連の会社に転職。車の査定、オークション、輸出などに関わる中、そちらに興味が出まして。自動車の輸出商社として独立したんです。お金の管理の仕方や、取引先との交渉の機微など、経営者として全てのジャンルに通ずることを学ぶことができました。

——そうして勉強されたことを活かし、現在につながるわけですね。

　はい。この『Birth』では複数の事業柱を立てており、1つは建設事業でプラントの補修工事などをしています。もう1つが、先ほど申し上げました自動車の輸出関連。そして3つ目が飲食事業で、本日来ていただいているダーツバーがそちらに該当します。昔から私はダーツが趣味で、大会に出て賞をいただいたことも

あるんですよ。趣味が高じて出店したかたちですね。

——昔はダーツがよく流行ったものですが、最近また若い世代の間でも人気が出ているようですね。

　昭和の時代の不健康なイメージとは違い、スマートに楽しむ人が増えています。おしゃれな印象があるようですよ。マシンも進化し、オンラインで世界の人と対戦することも可能。体力を要しないので、高齢者や障がいのある方でも楽しめるバリアフリーなスポーツです。真剣に腕を磨けばプロも目指せますし、実際に年齢を重ねてから世界クラスで活躍しておられる方もいらっしゃいます。ぜひ多くの方に、当店に遊びに来てお酒を楽しみながら気軽に遊んでほしいです。当店を、ダーツブームを引っ張っていけるような存在にしたいですね。そして、私はいずれ改めて美容業界にも携わってみたいと思っています。

WEB制作などを中心に事業軸を広げ、地域貢献できる存在を目指す

（取材／2023年1月）

代表　日置 友哉
×
ゲスト　野村 宏伸

DATA：

Public Promotion

静岡県島田市中溝町 1547-1 201号

——まずは、日置代表の歩みからお聞かせください。

　若い時はお笑い芸人を目指していました。今でも人を笑わせたり楽しませたりしたい、という気持ちが根本にあります。大学卒業後は出版社に入りまして、グループで色々な事業をしていたので営業マンとして全国各地に出張し、様々な商材を扱いました。当時から独立心があったので、目標にしていた30歳で退社。この『Public Promotion』を立ち上げたんです。

——どのようにスタートされましたか。

　先輩の紹介や異業種交流会への参加で人脈を広げる中、WEB制作などについて学んでいきました。そこから徐々に安定し、現在4年目です。WEBサイトや動画の制作、コンサルティング、SNS運営の代行などを手掛けています。名刺のデザインやロゴの制作なども行っていますよ。

——手掛けられる内容が幅広いですね！

　最初は協力会社に制作をお願いしていましたが、勉強を重ねて自分で行うようになりました。また、最近では創業支援に力を入れています。補助金申請の代行や事業スタートに伴うHP制作などをパックで提供し、コストを抑えながら独立にチャレンジしたい人の支援を行っているんです。やりたいと思っていても、資金やノウハウの部分で不安があり一歩を踏み出せない人もおられますから、少しでもお役に立ち地域を盛り上げられたらと。私は愛知県名古屋市出身ですが、縁あってここ静岡県島田市で事業をさせていただいています。感謝の思いがあるので、地域や人々に還元できる仕事をしたいと思っているんですよ。近々、新たに優秀なスタッフが加わってくれる予定で、法人化も考えています。今年を飛躍の1年にし、地域に貢献できる組織として成長させていきたいですね。

製造から販売まで責任を持ち、企業に美味しいお弁当を提供

（取材／2023年1月）

代表取締役　木都 亮祐

×

ゲスト　つまみ枝豆

DATA：

㈱アーバンダイニング
大阪府大阪市城東区関目 1-14-9 3階

――『アーバンダイニング』さんではお弁当を販売しておられるそうですね。木都社長は、どうしてこの業界に？

　学生時代に飲食店でアルバイトをしていて、お世話になった店長に影響を受けたことが大きいです。学校卒業後は建築業界で営業マンをしていたのですが、やはり飲食業に挑戦したいと思い、元バイト先の店長さんにお願いして改めて修業させていただきました。非常に懐が深く私のわがままを色々と聞いてくださって、様々な経験をさせてもらう中で弁当の販売に可能性を感じ、独立したんです。

――面倒見の良い方に恵まれたのですね。独立後は現在まで順調ですか。

　最初は昼にお弁当、夜は焼鳥屋というスタイルで始めて、軌道に乗りました。そこで2店舗目も出したのですが、そこでこけてしまいまして。改めて一からスタートし直し、弁当販売に絞りました。そしてある企業の方から「うちの会社で弁当を売ってよ」と言われ、お昼にそちらの社内で弁当を販売するようになったんですよ。そこから企業向けに特化するようになり、現在まで来ています。

――企業向けだと、需要が安定しそうですね！

　色々なご要望に応えながら、メニューは2カ月に1度全て入れ替えています。その2カ月間は、グランドメニューを固定しつつ日替わりメニューをチェンジしていくかたちですね。現在スタッフが約20名おり、製造から販売まで全員で行っています。効率を考えれば製造員と販売員を分業するほうが良いのでしょうけれど、やはりお客様が口に入れるものに、作った人が最後まで携わりたい。そこに皆でプライドを持って手掛けています。今年中に1日千食を目標にし、いずれは三千食出せる規模に成長したいですね。そして、頑張ってくれているスタッフの皆の待遇ももっと良くしていきたいです。

地域と周囲への感謝を胸に、笑顔を大事に技術力で以てインフラを整える

（取材／2023年1月）

代表取締役　廣嶋 伸也

×

ゲスト　野村 将希

DATA：

㈱廣嶋機工
東京都大田区東糀谷 5-8-2

――『廣嶋機工』さんの事業内容からお聞かせください。

　プラント設備や上下水道施設等のポンプ、高層ビルの給排水ポンプ、冷暖房システムの地下の配管などを扱っています。例えば大雨が降ると河川が氾濫してしまう危険があるので、それを防ぐために水を制御し流す設備が必要です。それらを設置したり綺麗にメンテナンスしたり、圧力の調整をしたりといった仕事を行っているんです。主に大手さんからお仕事を頂き、地域で仕事をさせていただいています。

――インフラを整える大事なお仕事ですね。かなりの技術力が求められるのではないですか。

　奥が深く、技術も知識も常にアップデートが必要ですね。私自身、機械工学や流体力学などを学び、国家資格も取得するなどしてスキルアップを図ってきました。決して簡単な仕事ではありませんが、仕事をする中で業界の方に褒めていただくことも増え、徐々に実績ができ自信もついてきたんです。「あそこに頼めば大丈夫だ」と頼っていただけると、ものすごく嬉しいですね。

――信頼を得ておられるようです。スタッフの方には、普段どのようなことを伝えておられますか。

　安全を大前提として、挨拶と笑顔を大切にするようにと言っています。技術職ですから、当然腕を磨くことも重要ですが、それ以前にまずは気持ちよく挨拶し笑顔で周囲の皆さんと接することができる人であってほしい。現在の当社があるのは、地域の方々に支えられたからこそです。仕事をさせていただいている、という感謝の気持ちを常に持ち、皆で謙虚に地道に成長を目指していきたいですね。そうした気持ちで、今後はさらにスタッフも仕事も増やしていき、笑顔の輪を広げていきたいと思っています。

技術力と対応力が光る鉄筋継手で、建設業界から日本を元気に！

（取材／2023年1月）

代表取締役　德山　晋一
×
ゲスト　布川　敏和

DATA：

㈱翔圧
大阪府門真市松生町 3-1
URL：https://shouatsu.com

—— 『翔圧』さんの業容から伺います。

鉄筋ガス圧接継手や鉄筋溶接継手、機械式継手などを手掛けています。継手とは圧接や溶接などで鉄筋同士を繋ぐ作業なんですよ。建物の完成後、外からは見えませんが、万一の不手際があると建物の老朽化を早めたり、崩落を招いたりするので、とても重要な仕事です。

—— 德山社長がこのお仕事に就かれた経緯と言いますと？

私は学業修了後、社会人野球に打ち込んでいまして、野球仲間が「うちに来いよ」と誘ってくれたのが継手を手掛ける会社だったんです。施工管理として入社したのは 1991 年で、先輩や上司に支えられ鍛えていただきました。そうして 30 年以上勤める中で、勤務先の社長や上司などお世話になった方々が亡くなりまして。取引先様とも相談の上、前職を引き継ぐ形で昨年私が新たに当社をスタートしました。

—— それまでの仕事ぶりが評価されたのでしょうね。お仕事のやりがいは？

通常、建設工事は職人が一定期間、一つの現場に留まり作業をすることが多いですが、継手の仕事はピンポイントに発生します。短期間で複数の現場を回るので、いかに効率的に仕事をこなすかが重要なんですよ。スケジュールをしっかりと把握し、緻密に人員を配置すること、そしてイレギュラーなケースにも臨機応変に対応すること——それが難しく、やりがいでもありますね。

—— 御社の強みはどんな点にありますか。

施工における技術力と対応力です。その点はお客様からも支持いただいており、嬉しいです。ただ、課題もありまして、若手の人材不足を感じています。今後は大阪万博でさらに忙しくなることが予想されますし、建設業から日本全体を元気にしていくためにも、一人でも多くの日本の若者に技術を継承したいと考えています。

周囲の職人と心を一つに、住む人の人生が豊かになるリフォームを

（取材／2023年2月）

代表取締役　太田　啓貴
×
ゲスト　つまみ枝豆

DATA：

㈱リラーフホーム
【事業所】岐阜県関市西本郷通
【事務所】岐阜県美濃市広岡町
URL：https://relaughhome.com

—— 太田社長はどういった経緯で今のお仕事に就かれたのですか。

学業修了後、学生時代の先輩が建築業界に誘ってくださったんです。まずは 5 年ほど塗装職人として修業を積み、父が建築業界で営業をしていたことから興味を持って、建築を総合的に手掛ける建築会社に移りました。

—— 働いてみていかがでしたか。

多くの学びを得ることができましたね。現場管理を覚えたくて、職人と兼務しながら経験を積みました。さらに面倒見の良い上司の元で 10 年ほどリフォーム工事についても学びました。その後、地元の建築会社に移ったのですが、大きい会社でリフォーム工事を行う場合、打合せ、設計、現場管理、引き渡しは担当者がそれぞれ変わってしまうんです。それよりも全ての工程に一人の担当者が関わるほうが、お客様の理想を形にしやすいだろうと考え、2017 年に独立。まずは個人事業としてスタートしました。

—— 独立後は順調に歩めましたか。

ありがたいことに人に恵まれ、土木工事会社の方とのご縁を得ることができました。それを機に仕事や人脈がどんどん広がっていったので、支えて下さっている方々には感謝の気持ちでいっぱいです。今は雨漏り修繕や内・外装、外構などリフォーム工事をメインに、新築工事も手掛けており、法人化も果たせました。

—— 社名の由来を伺っても？

お客様が過ごされる空間、時間、人生がより良いものになるような建築を手掛けたいという思いがあり、「relax（寛ぐ）」と「laugh（笑う）」を組み合わせました。妻が考えてくれたんですよ。この社名に込めた思いを大切に、これからもお客様の思いをしっかりと汲み、私と心を一つにしてくれる協力会社の方々と仕事を続けたいですね。そして 10 年後にはグループとして動いていくのが理想です。

ヨーロッパの雑貨・衣料品の輸入に加え 日本独自の製品を世界に発信したい

代表取締役
長谷川 洋子

×

ゲスト
藤森 夕子

（取材／ 2023 年 1 月）

　東京を拠点に、ヨーロッパの衣料品や雑貨を扱う商社『ユーロトレイド』と国内の工業製品の輸出を手掛ける貿易会社『ジェイ・モンタルト アンド カンパニー』。長谷川社長は両社の事業を牽引し、日本と海外の架け橋となってセンスが光る製品の輸出入を手掛けており、仕事を通して日本だけでなく海外の動きを捉える目と国際感覚を養った。日本の輸出管理体制の厳しさを感じながらも、「日本製を気に入って買ってくれるお客様がいる。その方々のために、これからも世界に誇る日本のオリジナリティ溢れる製品を輸出していきたい」と仕事への想いを語ってくれた社長。今後はネットを通じて、日本独自の文化を発信できる商品やクリエイターを世界へ紹介していきたいという新たな展望を見据えている。

DATA：

ユーロトレイド㈱
東京都港区虎ノ門 4-1-34-1503

㈲ジェイ・モンタルト アンド カンパニー
東京都大田区北嶺町 30-10

「喜ばれることに喜びを」をモットーに 車の進化に向き合い、要望に応える

代表取締役
岡田 有示

×

ゲスト
ラッシャー板前

（取材／ 2023 年 1 月）

　創業者である先代社長が考えた「喜ばれることに喜びを」をモットーに自動車整備を手掛ける『オカダ車輌』。岡田社長は24歳で同社に入り、30歳を過ぎたころから徐々に先代の業務を引き継ぎ、自然な流れで後継を果たした。「今の時代の車にも、これまで蓄積してきた技術と経験があるからこそ対応できる」と社長は語り、自動車の性能が加速度的に進化する中でも同社は勉強会などで情報を入手し、その上で独自に学ぶなど、どんな要望にも対応できるよう常に研鑽を怠らない。車が故障して困っている方の不安を解消したいという想いで日々挑戦を続け、地域のお客様に向き合い続ける同社。「これから5年、10年先も今の環境を守り、変わらず一生懸命仕事に取り組んでいきたい」とお客様に寄り添う姿勢を崩さない考えだ。

DATA：

㈱オカダ車輌
広島県広島市安佐南区中須一丁目 2 番 1 号

同業他社に負けない武器を見つけ、 自社一貫施工が可能な総合建築会社に

代表取締役
近岡 勇次

×

ゲスト
つまみ枝豆

（取材／ 2023 年 2 月）

　一般建築・内装仕上げ工事・外工エクステリアなど幅広く手掛ける『近岡建装』。近岡社長は一人親方として経験を積んだ後で家業に入り、2022 年 7 月に同社を引き継いだ。現在、同社は 15 人ほどの職人を擁し、協力会社とも繋がりを築き上げ、元請業者からのあらゆる依頼に対応。社長は先代の思いを引き継ぎながらも自身のカラーを大事にし、現在も変わらず現場に出て研鑽を怠らず、現場では職人の育成にも努めている。「同業他社が多く、ネットで工事の単価がわかる時代なので、何を武器としていくかが大事」と仕事への思いを語ってくれた社長。社長の夢である「自社一貫施工が可能な会社」へ向けて、同社はさらなる職人の獲得・育成に意欲を見せており、今後より一層の事業規模拡大を目指している。

DATA：

㈲近岡建装
岐阜県関市向山町 1 丁目 3 番 3 号

若きパワーと 5 つの "さ" で信頼を重ね、 日本一の塗装・外構工事会社を目指す

代表取締役
門脇 龍樹

×

ゲスト
ダンカン

（取材／ 2023 年 1 月）

　予てから独立心を持っていた門脇社長は建築塗装会社勤務を経て、20歳という節目で一般住宅塗装・外構工事・屋根総合リフォームを手掛ける『オシャレホーム』を設立。下は 20 歳、上は 33 歳という若き力に溢れる社員構成だ。「早さ・明るさ・元気の良さ・笑顔の良さ・清潔さ」という 5 つの "さ" を意識した対応で信頼を得て、設立から 2 年ながら大手ハウスメーカーからも継続的に仕事を受託している。現在、同社は営業に特化した体制だが、今後は工事部門の立ち上げを考えており、社員がそれぞれの適性に合った仕事に取り組むことができ、営業から施工まで自社完結できる体制を目指している。「ゆくゆくは日本全国へ進出していきたい」と語った社長。若く未来ある同社の今後の活躍が楽しみだ。

DATA：

㈱オシャレホーム
埼玉県川口市上青木西 1-19-39 滝澤ビル 202 号室

穏やかで居心地の良い空間を創造し、プラスαの満足を生み出す

代表取締役
赤尾 嘉一

×

ゲスト
藤森 夕子

（取材／2023年1月）

　別荘や住宅、ホテル・旅館、オフィス、レストラン・バーなどの空間及びプロダクトを総合プロデュースする『イオタ』。大手商社のインテリア事業やイタリアの高級家具メーカーで経験を積んだ赤尾社長が設立した同社は「穏やかで居心地の良い空間の創造」をテーマに、お客様にプラスαの満足を提供する。現在は軽井沢に別荘を建てる方に向けた建築家の紹介から、インテリアのデザイン、オーナー向けサロンまで、空間のみならずコミュニティのプロデュースも手掛ける。また、社長はデザイン養生マット「ewc」を使ったエレベーター内部のリノベーションを行う『ewc』も運営し、衛生的かつ意匠性に優れた空間はコロナ禍で注目されている。社長は独自の視点で新たなビジネスモデルを考えており、今後の展開から目が離せない。

DATA :

㈱イオタ／ewc㈱
東京都新宿区早稲田鶴巻町 571 #901
URL : https://iota.vc/
URL : https://ewc.tokyo/

地に足を付けて地域に根を下ろす信頼の自動車ガラス交換・修理専門店

代表者
田村 哲

×

ゲスト
ラッシャー板前

（取材／2023年1月）

　自動車のガラス交換・修理を手掛ける『ビーアロー』。田村代表は同業他社で技術を磨き、「地域に根を下ろし顧客や取引先との繋がりをより強固にしていきたい」との想いで独立し、2022年5月に法人化を果たした。立ち上げ当初から誠実に顧客に向き合い、「『ビーアロー』に任せたら安心だ」と思ってもらえるよう、責任を持って高水準の仕上がりを提供。その実直な仕事ぶりが信頼を得て、業績を伸ばしてきた。今後の自動車業界の発展による業界の変化を見据え、「確たる展望を持って、正しくあれるよう企業努力を重ねる会社が残っていくと思います。だからこそ、日々真面目に仕事に取り組み、信用・信頼を積み重ねていきたい」と語る代表。その姿勢を貫き、代表はお客様の要望に応えるため技術者として研鑽を続ける。

DATA :

ビーアロー合同会社
広島県広島市安佐南区高取北 1-6-35

明るくチャーミングな名物ママが守る笑顔に満ちたアットホームなスナック

オーナー／ママ
村川 由希子

×

ゲスト
島崎 俊郎

（取材／2023年1月）

　その明るい人柄から"ゆっぴー"という愛称で親しまれている村川オーナーが切り盛りし、地域の憩いの場として愛される『SNACK BAR ARISA』。「毎日飲み会を開いているみたい」とオーナーが語るほどアットホーム感溢れる同店には約20年働いているスタッフも在籍し、居心地の良さと常連のお客様との強固な絆が窺える。オーナーは"迷ったら面白いほうを選ぼう"をモットーに、コロナによる自粛期間で会えなくなったお客様に笑ってもらいたいとの想いで、他店のママとYouTubeチャンネル「チームスナックすすきの」を立ち上げ、ディレクターとしてエンタメ性の高い動画を投稿している。「スタッフやお客様のためにも、責任感を持ってお店を守っていきたい」と語るオーナー。同店には今宵も笑い声が絶えないだろう。

DATA :

SNACK BAR ARISA
北海道札幌市中央区南 5 条西 3 丁目 美松ビル 5F

他社に負けない提案力・デザイン力でお客様の夢を叶える外構プランを提供

代表取締役
綾 佑介

×

ゲスト
渡嘉敷 勝男

（取材／2023年2月）

　外構プランニング・外構工事、外構工事の図面作成代行、外壁塗装など外構をトータルで手掛ける『アモード』。綾社長は専門学校で建築を学び、建築業界で経験を蓄積し、山口県で同社を立ち上げ3年。同業界で培った提案力・デザイン力を活かし、地域のお客様にベストな施工を提供する。当初は職人不足に悩まされたこともあったが、現在は信頼できる職人の確保に成功し、お客様の要望に合わせて限られた予算でもデザイン性の高い施工を実現している。"できない約束はしない"を心掛ける社長はお客様の要望を叶えるために常に研鑽を怠らず、「宇部市内の外構なら『アモード』」とお客様に思ってもらえるよう、地域一番手を目指す。今後は社員の増員を検討しており、お客様の「ありがとう」を聞くためにより一層の発展を目指す。

DATA :

㈱アモード
山口県宇部市大字東岐波 1342 番地 1
URL : https://amode-ex.com/

宝物である人材たちが活躍できるよう経営者として全力でサポートしたい

代表
新福 政博

×

ゲスト
つまみ枝豆

（取材／2023 年 1 月）

　料理人としての経験を経て、IT 業界に移りプログラマーとしてのノウハウを蓄積し独立した新福代表。そして、会社を売却後に飛び込んだのが建設業界だった。営業マンとして優れた成績を残し専務にまで昇進。子会社の社長も任されるようになったが、人材不足で断らざるを得ない仕事があることに、代表は歯痒い思いをしていた。そこで、地元・八尾市で求人をかけたところ、素晴らしい仲間に恵まれたことから新たに『MameLaboratory』を立ち上げた。少数精鋭で技術力のある若いメンバーが揃い、人柄も良いと顧客からの評価は高い。そんなスタッフたちを、「彼らは宝です」と代表は話す。スタッフの能力を活かし意欲的に働いてもらえるよう、組織作りと仕事の確保に注力したい――その思いで、皆が輝けるよう経営者として役割を果たす構えだ。

DATA：

MameLaboratory
大阪府八尾市西山本町 3-1-9

山口にいるアーティストの卵と並走し"夢が掴める街"の実現に貢献したい

代表取締役
山下 将司

×

ゲスト
渡嘉敷 勝男

（取材／2023 年 1 月）

　山下社長はレゲエ歌手として活動し、全国区の大会で優勝した経歴を持つ。そして本場ジャマイカで学び、地元・山口のアーティストを応援したいと『ユニティーヤードレコーズ』を設立。ミュージシャンなどに寄り添い、アートが羽ばたく街として山口を活性化させ、県内に人が集まり充分な活動ができる基盤を作るべく尽力中だ。そこには、自身が県外で活動していたことで危篤の祖母と充分な時間を取れなかったとの思いもあるという。経済的成功とは別の次元で、愛を持ってミュージシャンに寄り添い夢の実現に協力するのが、社長の姿勢だ。また、『ビクシガル』を経営する父親が、産業廃棄物処理事業を通して山口の自然を守っていることにも言及。自然を大切にする点でレゲエの考え方にも通ずると話す。今後も社長らしく、山口から音楽の発展・活性化を目指していく。

DATA：

㈱ユニティーヤードレコーズ／㈱ビクシガル
山口県山陽小野田市中川六丁目 1
山口県山陽小野田市有帆 280-19

地域の人々の安心・安全を守りながら生活困窮者のサポートでも地域に貢献

代表取締役
佐藤 伸一

×

ゲスト
野村 宏伸

（取材／2023 年 1 月）

　施設警備、駐車場警備や交通誘導警備業務などを手掛けている『永進警備』。同社では SDGs にも取り組んでおり、その一環として行政とタッグを組み、生活困窮者に対して衣食住と仕事を提供。生活基盤の立て直しのサポートもしている。仕事内容は同社での警備業で、「当社にとっても人手不足の解消となるので win-win なんですよ」と社長は笑顔で話す。勤務日には社長と奥様の手作りのおにぎりも支給するという。これをきっかけに実際に生活を立て直すことができた人もおり、この取り組みについて「生まれ育った地元に恩返しをしたいから」と社長。社名に込められているのは、「永続的に続くように」という思い。今後も警備業と地域への支援活動で、社会貢献できる企業として力を尽くしていく。

DATA：

永進警備㈱
静岡県伊豆市修善寺 147 番地 3 1F

安心して楽しく飲めるクラブとして池袋の夜を盛り上げる一翼を担う

代表取締役
美南 世奈

×

ゲスト
野村 将希

（取材／2023 年 1 月）

　シックなデザインの店内で、十数名のキャストとお酒や会話を楽しめる西池袋のクラブ『美南』。飲食店の激戦区で、落ち着いた雰囲気の同クラブは存在感を放つ。学生時代のアルバイトがきっかけでこの世界に入り"これだ！"と感じた美南社長は、池袋で経験を積んだ後銀座のクラブへ。地域や店舗による差に驚きながらも多くを勉強した。そして学んだことを池袋に持ち帰り独立。昨年には『美南』のスタートに至った。大切にしているのは、常に最高のおもてなしを心掛けることでお客様から「また来るよ」と言ってもらえるお店作り。そして何かをして頂いた際はその時と翌日、次に会った時の 3 回お礼を言う、感謝を表す姿勢だ。そんな社長の目標は、スタッフや同業者と一丸となり池袋の夜を盛り上げること。安全に楽しめる街として PR し、街をより元気にしたいと語ってくれた。

DATA：

㈱美南
東京都豊島区西池袋 3-29-3 梅本ビル 2 階 C
URL：https://club-minami.tokyo

解体工事など建設関連を広く手掛け
さらに成長を遂げホールディングス化を目指す！

代表取締役
吉田 光輝

×

ゲスト
つまみ枝豆

（取材／2023年1月）

　吉田社長は10代の時から経営に挑戦し、若くして独立した。未熟だったこともあり、一度は仲間が離れてしまったこともあるという。そうした苦い経験も全て糧として自身の成長に変え、高校時代からの仲間でもあり、今の右腕のような存在の人物が営業マンとして加わったこともあって、経営が上向いていった。まず塗装工を集めることに成功。塗装は養生技術が重要になる。その技術を向上させ続ける過程でアスベスト除去工事にも手を広げ、さらに解体工事にも着手。改めて素晴らしい仲間が集まり、現在社長は「会社は1つの家族」と話す。今後は不動産事業にも挑戦し、物件探し、解体、塗装と『日和建設』でまとめて手掛けられる体制を目指している。そして社員に利益を還元できるよう職場環境をさらに充実させ、5年後にはホールディングス化して社員全員を社長にすることが夢だ。

DATA：

㈱日和建設
大阪府堺市北区百舌鳥梅町3丁目6-1 301号室
URL：https://nichiwa-kensetu.com

顧客の要望を美しい庭園として具体化しながら
会社の歴史をさらに未来へと紡いでいく

代表取締役
木村 直樹

×

ゲスト
野村 宏伸

（取材／2023年1月）

　造園工事・管理、エクステリア工事などを手掛けている『造園研究所 風夢』。1988年に創業され、30年以上の歴史を持つ造園会社だ。社名から想像できる通り、風光明媚な和風の庭造りを得意としている。アフターフォローにも力を入れ、変化していく自然と共に歩み、顧客と長くお付き合いを続ける姿勢で信頼を得ている。現在は、元社員だった木村社長が3代目として力強く牽引中。社長は同社で修業後1度は独立していたが、後継者がいないと打診があり、戻ってきて後を継いだという。社長が意識しているのは、組織力を高めたチームとしての会社作り。職人は個の意識が強い傾向がある中、改めて皆で気持ちを共有したいと語る。そして、若い世代に造園業の魅力を感じてもらう機会を模索するなど、未来に向けても取り組んでいく。

DATA：

㈲造園研究所 風夢
静岡県磐田市豊岡1701-2
URL：http://www.fu-mu.co.jp/about/

輸入業者として信頼を大切に歩み
日本の製品を中国へ、そして世界へ紹介

代表取締役
呉 徳明

×

ゲスト
島崎 俊郎

（取材／2023年1月）

　中国・福建省出身で、高校卒業後に留学で来日した呉社長。やがて結婚し、家族を養うためいくつかの仕事を経験する中、中国の知人から輸出を頼まれたことが貿易に携わるきっかけとなった。そして日用品や食品を扱うようになり、本格的に事業化。製品によって法律的な制限などが異なり、日々勉強が必要で失敗した経験もあるという。それでも、「他人にできることは自分にもできるはず」と、向上心を持って歩んできた。社長の仕事をする上での信念は、取引がある人との信頼関係を作ること。自分の言った言葉に責任を持ち、約束は必ず守る。そうした姿勢で、日本の魅力ある食材を海外へと紹介しているのだ。いずれは貿易以外の事業にも挑戦したいと社長。仕事を楽しみ、そして人生を楽しんでいきたいと、意気込みを話してくれた。

DATA：

㈱TK TRADING
北海道札幌市南区澄川6条11丁目17-1

専門資格と技術を活かした設備設計という仕事で
人の役に立ち、その魅力を若い人にも伝えたい

代表取締役社長
奥西 章益

×

ゲスト
渡嘉敷 勝男

（取材／2023年2月）

　奥西社長は『明治大学』建築学科を卒業し、東京で約10年間設計業務に従事した。担当していたのは、給排水や空調設備などの設備設計。設備設計一級建築士という難関資格を活かした、知識と技術力が求められる仕事だ。そして故郷である山口県に戻って独立。『AME設計』の設立に至った。設備設計を手掛けられる建築士が県内で少ないこともあり、独立当初から順調。東京での激務に少々辟易していたという社長が、「東京時代よりも忙しいくらい」と話すほど、依頼は絶えない。豊富な実績から信頼度が高く、県庁からの仕事など公共案件も多いという。人材が少ないこの特殊な業界において、今後は若い世代を育てたいと社長。まずは設備設計という仕事を知ってもらえるようアピールし、自身の仕事を通してその魅力を伝えていく構えだ。

DATA：

AME設計㈱
山口県周南市室尾1-7-10 徳一ビル1F

独自の魔法瓶断熱工法住宅も好評！
今後のさらなる成長が期待される建築会社

代表取締役
上田 辰也
×
ゲスト
島崎 俊郎

（取材／2023年1月）

新築工事やリノベーションを手掛ける『想家工房』。「想いを込めた家づくり」を大切にしており、独自施工の魔法瓶断熱工法を用いた人と環境に優しい住宅づくりに定評がある。上田社長は学業修了後、住宅デザインに携わるべく建築会社に入社。現場監督をメインに20年間勤め、別の建築会社でも経験を積み、40歳で独立起業した。住宅は同じ材料、同じ間取りでも建て方によって全く異なる建物になる。だからこそ顧客に寄り添い、理想を形にするべく力を尽くしている社長。また、現在は新社屋を準備中。バイクやアウトドア用品も扱い、カフェも併設することで、趣味の合う人々が集まれて住まいのことも相談できる空間にする予定だ。規模は小さくとも強い会社を目指し、将来的には次世代へのバトンタッチも視野に歩み続ける。

DATA：

想家工房㈱

福岡県筑紫野市針摺東 1-6-3
URL：https://soukakoubou.com

栄養と美味しさのつまった
こだわりの和炭トマトで心も身体も元気に

代表取締役
天野 克寛
×
ゲスト
島崎 俊郎

（取材／2023年1月）

栄養豊富で、こく・香り・のどごし・後味全てに自信がある——そんなこだわりのトマトの栽培を手掛けているのが『Nature』だ。天野社長は幼少期から家業の同農園を手伝っており、農業高校を卒業後、両親と共に働き始めた。働く中で農作物への愛情の大切さを確信した社長は、興味を持つこと＝愛情と捉え研究に没頭。農薬や化学肥料が農作物に及ぼす影響を学ぶために県内外の有名農家を訪ねて勉強したり、比較試験を行ったりした。その結果生まれたのが、トマト本来の美味しさが楽しめる「和炭トマト」だ。さらに近年は体験農園を始め、日本初のトマト狩りもスタート。また、就労継続支援事業を手掛ける奥様と農福連携も行っている。今後は東京へも販路を広げる構え。同農園のトマトのファンをさらに増やしていく。

DATA：

㈱ Nature

福岡県北九州市若松区大字有毛 2325-1
URL：https://nature-sizenkai.com/

努力を惜しまず常にさらなる高みを目指す
プラント配管工事の若き匠

代表取締役
西本 一喜
×
ゲスト
島崎 俊郎

（取材／2023年1月）

経済的に苦しい家庭で育ったこともあり、若いころから自立心が強かった西本社長。早くから配管職人として様々な工場のプラント工事に携わってきた。そして20歳の若さで『西本工業』をスタート後は、磨いた技術力を活かしながら設備投資も行い、元請会社から直接仕事を受注。23歳で事業を軌道に乗せた。現在は畜産や水産用の飼料製造工場をはじめとする全国の生産工場でプラント配管の設計から加工、取り付け、メンテナンスまでを一貫して行い、日本の産業を支えている。また、顧客とのコミュニケーションの場として飲食店も経営するなど、人との繋がりを大切にしている社長。ベトナムでの起業も準備中で今後がさらに楽しみだ。「人と同じことはしない」と語る社長は社員が誇れる会社を目指し、自社の名前をさらに広めていく。

DATA：

㈱西本工業

福岡県北九州市若松区下原町 7-28
URL：https://www.nishimoto-kougyo.com

人と人との和と安らぎを生み出す
顧客に喜ばれる住まいづくりを続けたい

代表
水野 和則
×
ゲスト
野村 宏伸

（取材／2023年1月）

水野代表はかつて別の業界で活躍していたが、マイホームを建てたことをきっかけに建築業界に飛び込んだ。そして現場監督として数多くの住まいづくりに立ち会い、家が完成する喜びを顧客と分かち合ってきた。やがて子どもたちが独立した50歳の時に独立。新築・リフォーム工事を手掛ける『アイワ・ハウジング』を創業した。「家は人生の中で一番長い時間を過ごす場所だからこそ、安らぎを得られて、和を深められる家づくりをしたい」と代表。豊富なノウハウと人脈を活かして、人とのご縁と繋がりを大切にしたお客様に喜ばれる仕事を続けている。また、2022年には建設業許可を取得し、今後は大手ハウスメーカーとタッグを組んでリフォーム工事に力を入れていく構え。事業を通じて、これからも多くの笑顔を創出する。

DATA：

アイワ・ハウジング

静岡県浜松市南区高塚町 1414-1
URL：https://aiwa-housing.jp/

実行力とスピードを強みに大阪から世界へ
トレンドを発信するチャレンジャー集団

代表取締役
坂本 太郎
×
ゲスト
布川 敏和

（取材／2023年1月）

　「大阪から世界へ」をキーワードに、グローバルな活動で製造から販売、デザインからコンサルティングまで、EC関連のあらゆる業務を手掛ける『TS WORLD』。坂本社長が自社を「チャレンジャー集団」と語る通り「これをやりたい」「今しかない」というスタッフの熱意を形にしている。これまで貿易事業やOEM事業、ECコンサルティング事業、SNS事業などの他、サウナ事業やインドアゴルフ事業などユニークな仕事の実績もある同社。サウナ事業もスタッフの希望からスタートし、輸入から販売、施工までリーズナブルでスピーディーな対応を徹底し、問い合わせが殺到している。世の中に役立つことを実行力とスピード感を強みに提供していくのがモットーの同社。今後も大阪で一番楽しい会社としてトレンドを世界に発信する。

DATA：

㈱ TS WORLD

大阪府大阪市中央区南船場 3-1-16 2F
URL：https://www.t-s-world.com

従業員たちとの絆は何よりの宝──
一丸となってさらなる高みを目指す

代表取締役
羽場 貞敏
×
ゲスト
布川 敏和

（取材／2023年1月）

　建方工事、鍛冶工事、溶接工事といった鉄骨工事を主軸に、飲食業や自動車・時計販売なども行う『羽場組』。10代半ばから鳶職人として道一筋に研鑽を積んできた羽場社長が設立した。修業は厳しかったが、元請会社の経営者に可愛がってもらったという社長。26歳で独立するも34歳で体調を崩し、再び創業したのが同社だ。元請会社の経営者の支えを受けて関東から地元・大阪にも拠点を広げ、現在は関西で100名、関東で50名の職人が活躍中。現場を任せられる管理者がいる他、社長は自身もかつてやんちゃをしていたことから道を踏み外した若者を積極的に雇用し、更生にも注力している。社長と従業員たちの絆はとても強く、「今後はさらに規模を拡大することで得た利益を従業員に還元し、皆を幸せにしたい」と語ってくれた。

DATA：

㈱羽場組

【本　　　社】大阪府東大阪市本庄西 3 丁目 8 番 13 号
【千葉営業所】千葉県市川市下貝塚 3 丁目 30 番 26 号
URL：https://www.habagumi.com

ピンチをチャンスに変え貿易業で成功
利益を社会に還元していきたい

代表取締役社長
金 海漢
×
ゲスト
ダンカン

（取材／2023年1月）

　中国出身の金社長は母国の高校を卒業後、来日した。そして日本語学校を経て、大学、大学院を卒業し、飲食店に就職。数年間勤めた後、興味のあった不動産業で起業しようと退職した。やがて中国人留学生向けに家探しのサポートを行っていたが、コロナ禍により留学生が激減。事業の継続が難しくなった時、中国の友人から「当社の商品を日本で売ってくれないか」と打診され、スタートしたのが貿易業だ。現在『海悦商事』では輸入販売ビジネスとして衣類や雑貨を扱っている他、倉庫保管、通関サービスなども手掛けている。輸入販売における同社の強みは、提携工場から直輸入することで中間業者を挟むことなく、リーズナブルに商品を提供できること。社長は今後さらに収益を上げ、納税を通じて利益を社会に還元していくつもりだ。

DATA：

海悦商事㈱

埼玉県戸田市笹目南町 36-1-103
URL：https://www.kaietu.co.jp

昭和の時代を彩ったホンダの名車
かつての憧れや思い出に新たな息吹を

代表取締役社長
川島 剛
×
ゲスト
ダンカン

（取材／2023年1月）

　「他のディーラーでは修理を断られた」「修理の部品がない」──そんな昭和のホンダ旧車を愛する人々のためのお助けショップ『ガレージサイコー』。フルレストアもできる技術力と親身な対応で、全国規模で名を馳せている名店だ。川島社長は学業修了後、ホンダディーラーの営業マンを経て、親戚が経営する中古車販売店でも経験を積み独立。ブローカーを続ける中、元々ホンダの旧車が好きだった社長は、同社の創業者と親しくなり約5年前に事業を継承した。地域性や客層の違いに戸惑うこともあったが、顧客との密なコミュニケーションを大切に、一人ひとりに寄り添った提案と対応で信頼を築いている。今後は移転オープンも視野に、自身も全力で仕事を楽しみながら、顧客の愛車に新たな息吹を吹き込む仕事を続けていく。

DATA：

㈱ガレージサイコー

埼玉県さいたま市桜区下大久保 1261
URL：https://www.garage-saiko.com

介護タクシー事業を軸に
利用者と社会をつなげる架け橋を目指す

代表取締役
古東 一仁

×

ゲスト
ダンカン

（取材／2023年1月）

「利用者様と社会の架け橋に」との思いを社名に込めて介護タクシー事業を展開している『つながり』。歩行困難な方などが通院、買い物、旅行などに行く際のサポートを行っている。古東社長は長年営業マンとして活躍していたが、予てから独立への憧れがあり60歳で退職。起業を見据えて「ありがとう」と言われる仕事を探す中、着目したのが介護タクシー事業だ。『福祉事業振興会』や『国内旅行介護士協会』に所属し、介護の実践や丁寧な運転技術を学んで、2022年6月に開業。現在はお客様も増え続けており、「事業運営が大変楽しい」と活き活きと語る。また、「今後は福祉関係を軸にさらなる展開を行っていきたい」と社長。利用者と社会のつながりを力強く支えていく構えだ。

DATA：

㈱福祉タクシーつながり
埼玉県さいたま市南区大字太田窪 2717 番地 1
URL：http://tsunagari-taxi.main.jp/about/

顧客一人ひとりに寄り添い 36 年
最適な不動産取り引きを提案し続ける

代表取締役
渕 光伸

×

ゲスト
野村 将希

（取材／2023年1月）

渕社長は学業修了後、医療法人の事務局で働き始めた。そこで無歯科医村に歯科医院をつくり、軌道に乗るまでのサポートを行う仕事に従事。不動産も扱う中で、不動産業に興味を持った。やがて長年の尽力で無歯科医村が減ってきたことを受けて独立し、1987年に『貴栄』を設立。不動産売買仲介や賃貸仲介・管理をスタートした。不動産は人との信頼関係や繋がりが欠かせない仕事。顧客一人ひとりのライフステージや経済状況により的確なアドバイスや提案も変わってくるため、常に顧客に寄り添い、しっかりと意思疎通を図ることを大切にしている。近年、拠点とする虎ノ門は開発が進み、人口の流出入が激しいが、「これまで住んでおられた方にも、新たに来る方にもご満足いただける仕事を続けていきたい」と意気込みを語ってくれた。

DATA：

㈱貴栄
東京都港区虎ノ門 3-18-20
URL：http://www.kiei.jp

顧客の喜びと笑顔を原動力に
仲間と確かな造園工事を続けていく

代表取締役
小櫃 剛

×

ゲスト
ダンカン

（取材／2023年1月）

造園工事をはじめ庭園管理、伐採などを手掛けている『Go Garden』。小櫃社長は母親が植木が好きだったこともあり、自身も造園業界へ。働く中で造園の奥深さを知り、仕事に魅了されていった。厳しい親方の下で5年間研鑽を積み、一度は造園業界を離れたが、再び戻って修業を続けた社長。満を持して独立後は、スタッフ2名と協力会社の職人とともに様々な現場を手掛けている。庭を持つ家庭が減る中、伐採の需要が高まっていることに少し寂しさを感じるという。仕事においては「お客様の喜びがやりがいですし、当社を頼ってきてくださった気持ちに応えたい」と難しい案件でもできる限り断らないスタンスを貫いている。今後は公私ともに充実した働き方ができる環境づくりに努め、これからも仲間と良質な仕事を続けていく。

DATA：

㈱ Go Garden
埼玉県大里郡寄居町大字富田 3565-2
URL：https://go-garden.co.jp

人との繋がりやご縁を大切に
多角経営でさらなる輪を広げたい

代表取締役
小林 祐丸

×

ゲスト
つまみ枝豆

（取材／2023年2月）

『アートキッズ療育 四日市』は0〜6歳までの未就学児を対象にした療育を行う児童発達支援事業所だ。アートを通して、できないことではなく、できること・好きなことに目を向けて伸ばしていくスタイルで子どもたちの可能性を広げている。小林社長は学生時代は野球に打ち込み、チームプレーが重んじられる環境の中で人との繋がりやご縁の大切さを学んできた。その精神や人脈が活き、会社勤めを経て知人の紹介でメンズ脱毛サロンとパーソナルジムをスタート。さらに再び人とのご縁で現在の児童福祉業界に参入した。異業種への挑戦だが、持ち前の向上心で勉強を重ね、子どもたちの成長を支えていく構えの社長。今後も新たな事業柱を打ち立てつつホールディングス化を行い、人材の成長や新たなご縁に繋げていくつもりだ。

DATA：

アートキッズ療育 四日市
三重県四日市市西浦 2 丁目 4-20 2F

■ 本格的な手打ち出雲蕎麦の味を北九州の地で守り 若い世代へとつないでいきたい

代表取締役
野津 裕介

×

ゲスト
渡嘉敷 勝男

（取材／2023年2月）

　北九州で複数の店舗を構える人気店『出雲蕎麦』。味、価格の双方において来店客から好評を得ており、ボリューム満点の定食も人気だ。もともと、野津社長の父親が島根で蕎麦屋を経営しており、九州に移って出店したのが始まり。社長自身は10代のころから大阪の和食店で厳しい修業時代を送るなど、経験を積んだ後に家業に入った。以前は蕎麦、うどん、丼ものといった昔ながらのメニューで勝負していたが、社長の提案により時代に合わせて定食を提供するようになり、若い世代の取り込みにもつながった。現在、社長が二代目として大事にしているのはスタッフとのコミュニケーション。皆がやる気とやり甲斐を持てるよう、独立を後押しできる環境構築にも尽力したいと語る。数十年続く味を守りながら、新たな未来を紡いでいく。

DATA :

㈲出雲蕎麦
福岡県北九州市小倉北区鍛冶町一丁目4-3

世界遺産 World Heritage

マチュ・ピチュの歴史保護区

ペルー共和国・1983年登録・複合遺産

　自然遺産であると同時に文化遺産でもあるという、ユネスコ世界遺産の中にあって珍しい複合遺産だ。マチュ・ピチュとは、「老いた峰」という意味で、尖った絶壁の山々がそびえるウルバンバ渓谷の山間、標高2,280mの頂上に位置する。山裾からはその存在を確認できないため、"空中都市"と呼ばれる。人の手によるものとは思えないほど美しく神秘的な光景に、訪れる人は息をのむ。そもそもどうしてこのような場所に遺跡が作られたのか——。インカ帝国の首都・クスコはその昔、スペイン人の侵略を受け、インカの人々は5平方kmという広さの中に神殿や宮殿、居住区などを作り上げ、周囲を城壁で固めた。スペイン人から逃れるため、復讐の作戦を練るための"秘密都市"だったのだろう。インカ帝国はスペイン軍によって滅ぼされることとなるが、最後の抵抗を試みるためだったのかもしれない。発見されたのは、1911年。アメリカの考古学者ハイラム・ビンガムに発見されるまで、400年以上もの間人の目に触れることなくひっそりと息づいていた。巨石を組み上げるかたちでつくられたマチュ・ピチュだが、これらの巨石をどうやって標高2,280mの地に運び上げたのかは未だに不明だ。

勝負所で**シャウト**！
腹の底から声を出して筋力アップ

　卓球の福原愛選手の「ッサー!」、テニスのマリア・シャラポワ選手の「ンアー!!」。アスリートたちがこうしたかけ声を発することに、重要な意味があるのをご存じだろうか。気合いを入れるため——確かに精神的効果もあるが、より科学的に証明されている効果がある。それは、大きな声を出すと筋肉の出力が高まる、「シャウト効果」というもの。科学的には、約5%〜7%ほどの筋出力アップをもたらす可能性があるとされている。アスリートが「ッサー!」「ンアー!!」と、腹の底から声を出すシーンを思い浮かべてみてほしい。勝負所であることに気づくだろう。たとえば、ハンマー投げなら、エネルギーを吸い込んでお腹にグッとためて、投げると同時に「ンガーッ!」と腹筋を使ってエネルギーを解放させる。人間というのは、激しい運動中にも3割ぐらい余力を残しているものな

のだという。しかし、大きな声を出せば、余力も何も全てのエネルギーを解放できる。だから彼らは、勝負所でシャウトするのだ。イメージとしては、「火事場の馬鹿力」を思い浮かべると良いだろう。人間の身体は、そもそも息を吐き出しながら高い筋力を発揮することに適した構造となっている。息を吐き出しながら力を発揮するシャウト効果が、筋力アップにおいて優れているというわけだ。

　実際に声とスポーツの関係性に関する調査も行われている。『早稲田大学』は、庭球部員男子4名、女子4名の協力を得て調査を行った。測定したのは打球の初速。初めの5回は声を出さずに、後の5回は声を出しながら打たせた。すると、声を出せば球速が上昇するという結果が出たという。

　このように、自己最大の筋力を出したい時に大きな声を出すことは、理に

適った行為。闇雲に奇声とも言えそうな大きな声を上げているのではない。シャウト効果を狙って大きな声を出しているのだと理解できれば、スポーツクラブで奇声——いや、大声を出す人のことも大目に見られるだろうか。

　シャウトせずとも、声を出すことに効果もある。無言で椅子から立ち上がるよりも「どっこいしょ」と立ち上がったほうがパフォーマンスは上がるのだ。「どっこいしょ」と言うことで筋肉に弾みがつく。つまり、年をとって筋肉がなくなったら、「どっこいしょ」と言いながら立ち上がれば楽なのだ。「どっこいしょ」というのがおじさんおばさん呼ばわりされる理由、それは残念ながら当たっているということになる。

　潜在的能力を発揮できる声出し。声は、エネルギーなのだ。　　　■

竹久夢二《少年山荘図》(部分)

夢二生家記念館・少年山荘 2023 年春の企画展

「夢二生家　ふるさとの春」

五節句を大切にしていた夢二の関連作品を特別展示

The Call of Muse.

「大正ロマン」の先駆者・竹久夢二の
ふるさとに触れる企画展

『夢二郷土美術館』では、別館の『夢二生家記念館・少年山荘』にて、2023年2月28日（火）より、「夢二生家　ふるさとの春」と題した企画展を開催している。

『夢二生家記念館』は、夢二が数えの16歳で神戸中学に進学するまで、家族と共に過ごした築約250年の茅葺屋根の家屋だ。夢二が嫁いで行く姉を思い、窓枠に名前を書いた鏡文字が残るこども部屋をはじめ、奥の間や土蔵なども展示室として拡充し、所蔵作品を季節ごとに展示している。本展では、立雛を描いた《少年山荘図》や、桃色の花を描いた《スイートピー》など、ふるさとをテーマに季節を感じられる夢二の肉筆作品が展示されている。

『少年山荘』は、夢二が晩年に自ら設計し東京に建てた、夢二唯一の建築作品とも言えるアトリエ兼住居だ。夢二が多くの作品を生み出した和洋折衷の建物を、1979年に次男・不二彦氏監修のもと、当時の姿を忠実に復元。生誕135年を記念したリニューアルを機に、夢二の人生・音楽・デザインをテーマにした展示を行い、現在は全7室を公開している。写真や遺品を通して夢二の人となりを知ることができる場所だ。本展では、「婦人グラフ」など、デザイナーとしての夢二の作品の他、少年山荘では初公開となる「セノオ楽譜〈みやげ〉」など、約50点の作品を、セノオ楽譜収録の楽曲を聴きながら楽しむことができる。

展示期間中には、「桃の節句」「端午の節句」「夢二柄のはし袋を作ろう！」など、多数の関連イベントが開催される。夢二の世界に触れながら、家族皆で楽しめる『夢二生家記念館・少年山荘』に、是非とも足を運んでいただきたい。

夢二郷土美術館
夢二生家記念館・少年山荘

2023年春の企画展
「夢二生家　ふるさとの春」

【会期】
2023年2月28日（火）〜6月11日（日）

【所在地】
岡山県瀬戸内市邑久町本庄2000-1

【開館時間】
9:00〜17:00（入館は16:30まで）

【休館日】
月曜日（祝日・振替休日の場合は翌日）
ゴールデンウィーク中の
4月25日（火）〜5月7日（日）は休まず開館

【入館料】
大人600円、中高大学生250円、小学生200円
※20名以上の団体は2割引、岡山県内の65歳以上の方は証明できるもののご提示で1割引。
※割引の併用は不可。
※ゆめびぃ会員は入館無料。

【HP】

https://yumeji-art-museum.com/

▲『夢二生家記念館』

▲『少年山荘』

「いただきます」って、どんな意味？

「いただきます」という言葉を聞いたことも、使ったこともないという人はいないだろう。
食事を作ってくれた人や振る舞ってくれた人に対し、感謝の気持ちを込めて使われている。
しかし、単なる挨拶としてとらえるのではなく、言葉を噛みしめて考えると違う見方もできる。何を「いただいている」のか少し深く考えてみてはいかがだろう。

■「いただきます」の意味

「ちゃんと『いただきます』を言ってからご飯を食べなさい」と、耳にタコができるほど注意された記憶が誰しもあるだろう。小さいころは当たり前のように「いただきます」で食事を始め、「ごちそうさま」で食事を終えていた。

「いただきます」という言葉を辞書で引いてみると「出された料理を食べ始めるときの挨拶の言葉（広辞苑）」とあり、「食う」「飲む」の謙譲語とも書いてある。確かに単なる挨拶と言えばそれまでだが、本当にそうなのだろうか。

■ 飽食の時代に

子どもに「ご飯を食べる前に何故いただきますと言うの？」と尋ねられたら、「農家の人やご飯を作ってくれた人、そして今こうやってご飯を食べられることに感謝して『いただきます』と言うんだよ」と答えるだろう。これが最もポピュラーな「いただきます」の意味だと思う。

しかし現代は物があふれかえり、飽食の時代と言われている。お金さえ払えば労せず食べ物が手に入る世の中では、感謝の気持ちがなかなか持てないのかもしれない。最近「いただきます」という言葉をあまり聞かないのも、人々の心から感謝の気持ちが薄れている表れなのだろうか。

■ もうひとつの「いただきます」

ただし、「いただきます」の言葉の意味は他にもあると私は思っている。牛・豚・鶏・魚等の動物も、穀物・野菜・果物などの植物も、全て生命を持っている。これらの生命を奪わなくては、人は生きていくことができないのだ。だから「いただく」時には、その生き物に対する感謝の気持ちも忘れてはいけないはずだ。

生き物の命は全て連鎖している。自分という存在も、父と母がいなくてはこの世に生を受けることもなかったわけである。そして、父と母には、また父と母が。

人は代々、生きるために他の生命を摂取し、「いただきます」と言って食物の恵みに感謝してきたのである。

■ 感謝の気持ち

命ある生き物の恵みに対して感謝の気持ちがあれば、きっと自分が生きることや、物の大切さ、命の尊さを知ることができる。そうして感謝の気持ちを実感するきっかけになる言葉が「いただきます」なのではなかろうか。

現代人はとかく忙しすぎる。しかし忙しい世の中だから、ほんのわずかな時間を使って、毎日少しずつ命について考える時間を作って見てはどうだろうか。それが食事を始めるときの挨拶、「いただきます」の時間なのだと私は感じる。

平和な社会に生きている我々だからこそ、生きること、命の尊さに対して改めて感謝する気持ちを持たなくてはならないだろう。

人体への思わぬ影響———
ブルーライトにご用心

　パソコン、液晶テレビ、スマートフォン、タブレット端末、ゲーム機……こうしたデジタル機器を、我々は日夜身体の一部のように活用している。上記のどれにも頼らずに暮らしているという人など、皆無に等しいだろう。昨今、これらの機器のディスプレイのほか、様々な照明にはLEDが利用されており、表示される文字や画像がより明るく、美しく、視認性に優れたものとなって、人々の生活に彩りを与えていることは、疑うべくもない。

　巷で実用化されて久しいLEDは、ただ明るいだけでなく、省エネでいて長寿命など様々な利点があり、一見「良いこと尽くし」のようにも思える。しかし、このLEDのディスプレイから発せられる「ブルーライト」というものが、目はもちろん、人体に少なからぬ悪影響を及ぼすことが、近年注視されはじめている。ブルーライトは、人が目で見ることのできる光（可視光）の中で、最も強いエネルギーを持つものと言われている。普通、光は角膜や水晶体である程度吸収・屈折された上で網膜に届くが、ブルーライトは角膜や水晶体で吸収されず、直接網膜に達するため、非常に刺激性が強い。いわばブルーライトを見るのは、太陽光を直視するのと似た状況に身を置くことにもあたる。では、人体への具体的な悪影響について、いくつか挙げてみたい。

・睡眠障害
　夜遅くまでパソコンと向き合う仕事に就いている人はもちろん、私生活においても、寝る寸前までスマートフォンを触っているという人は、昨今少なくないだろう。しかし、網膜がブルーライトに

よって刺激を受け続けることで目が冴え渡り、「疲れているのに寝付けない」などの状況を生むことになる。これは脳が「朝だ」と判断し、体内の睡眠を司る「メラトニン」というホルモンの分泌が抑制されてしまっているため。睡眠に関して悩みのある方は、夜、デジタル機器とどのように向き合っているかを振り返ってみられたい。

・肥満などの促進
　意外に思われる方も多いかもしれないが、とりわけ夜間にブルーライトの刺激を多く受けることは、肥満などを促進する一因になりかねない。「日中活動し、夜は眠る」という、人間の身体に根付いている基本的な生活リズムが乱れると、それだけで体温や心拍、血圧、血糖値、ホルモンなど生理機能の変動リズムに影響をもたらす。その結果として、糖尿病や高血圧、心筋梗塞はもちろん、メタボリックシンドロームなどのリスクも高めることになるのだ。

・発ガン率の悪化
　夜間勤務が多く、生活リズムが乱れやすい職場で働く女性の場合、乳がん発生のリスクが、通常の人の数倍高いとの研究結果が出ている。がんとブルーライトとの直接的な関連性こそ明らかになっていないが、網膜や脳に過度な刺激を与えるブルーライトが、がん発生を促進する一因となる可能性はゼロとは言い切れないだろう。

　——とは言え、今になって即座にLED、即ちブルーライトと縁を切ることなどできない。その中で、身体への影響を抑えられる、簡単な対策についても

ふれておきたい。
・PC用メガネの使用
　ブルーライトをカットするメガネやレンズは既に多くのメーカーが販売している。眼科に相談した上で、より自身の目に適したものを使用するのが望ましい。

・就寝前のデジタル機器の使用を控える
　睡眠障害の項で触れたように、ブルーライトは睡眠の大敵である。就寝前はできる限り、パソコンやスマートフォンの操作を控え、目を、脳を「睡眠モード」に切り替えることが肝要だ。

・機機のディスプレイの背景色を変える
　パソコンやスマートフォンでは（ほとんどの場合）背景色を変更でき、白や青でなく黒などを選ぶと、ブルーライトの発生を大幅に軽減させることができる。また、照度（画面の明るさ）を低めにするなど、機器内の設定を調整するのも一つの手だ。

・こまめな休憩をとる
　特に、仕事など長時間パソコンと向き合う作業をする場合は、なるべく1時間以内に1度は目を閉じて休める時間をつくる。できれば遠くを見渡せる窓辺などに移動し、眼の筋肉の緊張をほぐすなど、心身のリラックスを図りたいところだ。

★★★

　便利なデジタル機器が溢れる現代社会だが、その利点に隠れて普段見落としがちな"危険"も、確実に存在することを認識しておきたい。明るく、美しいデジタル機器のディスプレイ——だからこそ、上手く付き合って、その恩恵を享受したいものだ。

ism

風の吹くまま、気の向くまま──
車中泊で国内を駆けめぐる

私が国内旅行にこだわる理由

　景気回復の追い風を受けてか、海外旅行へ出かける人が多くなっているように思う。物価が安いアジアなどでは、むしろ国内旅行より手ごろな予算で旅行を楽しめる場合もあるようだ。「韓国へ行ってきたの」「バリ島はよかったよ」と、連休明けに聞く友人たちの土産話は、すっかり海外ものが大半を占めるようになり、いかにも異国のものらしいお土産をもらえば、日本にいた私までもがつい胸を躍らせてしまう。

　海外旅行で異文化に触れて、広い視野を養うのもいいだろう。それを否定するつもりは決してない。しかし、私はまとまった休みがあるならば、海外よりも国内旅行を選ぶ。日本には私の知らない場所がある、人がいる、文化がある──。それを知らずして世界を知るのは、まだ早い気がしてならないのだ。

　こんな経験をしたことはないだろうか。私は外国の方、特にアメリカ人に日本の文化について質問される。アメリカは国としての歴史が浅いため、余計に他国の文化への興味が深いようだ。そんな彼らの質問に答えて、日本の素晴らしさを紹介したいと意気込む。しかし悲しいかな、知識に乏しいばかりにかえって相手をがっかりさせてしまう。そんな経験を私は幾度となくしてきた。「何故、日本人は自国の文化を大事にしないのか。もったいない……」と、辛辣な言葉をもらったことさえある。

　それからだ。国内を旅するようになったのは。幼少期は両親に旅行へ連れて行ってもらうだけだったが、年齢を重ね車の免許を取得した私は、まとまった休みができると、いや、日帰りでも足を延ばして国内を旅してまわるようになったのだ。

選択肢を広げてくれる車中泊

　国内を旅する際、もちろん観光地へも趣くが、街にある大型スーパーや商業施設も必ず訪れるようにしている。いつもと違う風景の中で、普段と変わらない日常生活を送っている人たちを見れば、「ああ、今は旅行中なのだな」と旅の風情を一層深めてくれるからだ。そして、旅の開放感が大胆さを助長してか、私は地元の人とのふれあいを好む傾向にある。「旅の最中なんです」「へぇ、これからどこをまわるの？」「○○へ行く予定で

旅

国内を制覇し、世界に羽ばたきたい――。
なんて、大それた想いは抱いていない。
ただ、まずは日本を知ること。
そこから全てが始まるような気がした。

す」「だったら△△がオススメよ」という会話の中で、地元住民ならではの貴重な情報をもらえることもある。その情報に基づいてフレキシブルに行動するためには車が便利だ。ツアーだと行程が決まっているし、公共交通機関は時間の拘束がある。その点、車は渋滞などを除けば自分の都合で行動でき、目的地に行く道中で地元の方に勧められた場へ寄り道することも可能だ。さらに、車中で誰に気兼ねすることもなく、好きな音楽を聴きながらドライブするのは最高に快適。旅行から帰った後も曲を聴いては旅先の風景を思い出せる、なんて楽しみ方もある。

車の旅は何も日帰りだけに留まらない。ミニバンやワゴン、軽自動車でさえ、シートを収納して布団を敷けば立派な寝床を確保できる。最近では、サービスエリアに車を泊めて夜を明かす旅行者をよく目にするようになった。真夏や真冬を車中で過ごすのは少し身体に堪えるが、春秋は快適なホテル代わりとなってくれるだろう。朝に暁と共に目を覚ませば、それだけで充分旅を満喫した気にさせてくれる。「さあ、今日は何をしようか」「昨日の疲れが尾を引いているから、午後の計画は変更しよう」と臨機応変に予定を変更できるのも気楽な車の旅なら

では。チェックインもチェックアウトも気にせず、自分の都合が許す限りのんびりと過ごすことも可能だ。

以前、こんなことがあった。車中泊で出かけた私は、予定していた観光地が思いの外混み合っていたため、急遽計画を変更。市場へ行って地元の活気を全身に感じながら昼食を済ませ、その後の時間を昼寝に当てたのである。夕方からは仕切り直して、翌日はその日の予定通り過ごしたものの、中には「せっかく観光へ行ったのにもったいない」と思う人もいるだろう。確かに、その街が誇る観光地は見逃したが、市場で出会った人々の活気や優しさ、笑顔は私にとって素晴らしい価値あるものだった。

旅に求めるものは画一的ではない故に――

今回、私は"自分らしい旅"をご紹介した。もちろん、「海外旅行がいい」「ツアーが好きだ」「旅と言えば列車」と、様々な意見があるだろう。それは、それぞれが旅に求めるものが異なるため、当然のことだ。どんな形でもいい。何かを学びとれる旅を経験してほしい。

僕は信じたかった。

ザ・ホエール
THE WHALE

【キャスト】ブレンダン・フレイザー／セイディー・シンク
ホン・チャウ／タイ・シンプキンス／サマンサ・モートン
【監督】ダーレン・アロノフスキー
【製作】2022 年／アメリカ
【Web】https://whale-movie.jp
【日本公開】4 月 7 日（金）大阪ステーションシティシネマ、TOHO シネマズ二条、kino cinéma 神戸国際 ほかロードショー
【配給】キノフィルムズ

人は互いを赦し、わかり合えるのか

恋人アランを亡くしたショックから現実逃避するように過食を繰り返してきたチャーリーは、大学のオンライン講座で生計を立てている 40 代の教師。歩行器なしでは移動もままならず、頑なに入院を拒み、アランの妹で唯一の親友でもある看護師リズに生活を頼っている。ある日、病状の悪化で自らの余命が幾ばくもないことを悟ったチャーリーは、離婚して以来長らく音信不通だった 17 歳の娘エリーとの関係を修復しようと決意する。ところが、家にやってきたエリーは学校生活と家庭で多くのトラブルを抱え、心が荒みきっていた――。

本作『ザ・ホエール』の原作は舞台劇。その上演を観て惚れ込み、映画化に挑んだのは『ブラック・スワン』や『マザー！』などで知られる鬼才ダーレン・アロノフスキーだ。監督が原作者の一流劇作家とタッグを組んで A24 が製作したことに加え、大きな話題となっているのは、ブレンダン・フレイザーが主演を務めたこと。『ハムナプトラ』シリーズなどでハリウッドのトップスターに昇りつめながらも、心身のバランスを崩して長らく表舞台から遠ざかっていた彼が本作で披露した渾身の演技に、世界中が圧倒されている。フレイザーが演じる主人公は、余命わずかな体重 272 キロの孤独な男。毎日メーキャップに 4 時間を費やし、5 人がかりで着脱するファットスーツで演技に臨むという過酷な撮影だったが、苦行のような日々を生きるチャーリーを時にチャーミングな人間性を垣間見せながら見事に体現することに成功した。

本作のテーマの一つは、アイデンティティと容易には克服できない苦悩。ルッキズムや性的指向への差別など様々な偏見の中で生きる私たちに「ありのままの自分を見せることの大切さ」「互いを赦し、わかり合うことの重要性」を教えてくれる。恋人の死や娘との人生を放棄したことなど、自分が変えられたかもしれない全てのことへの罪悪感を抱えるチャーリーが、死の間際に愛する人々と向き合う本作。メルヴィルの名作「白鯨」が主人公と娘を結びつけた時、大きな感動が胸を打つ――チャーリーの最期の 5 日間を見届けてほしい。

それは、一線を越える

A FILM BY ALI ABBASI

聖地には蜘蛛が巣を張る

Holy Spider

【キャスト】メフディ・バジェスタニ、ザーラ・アミール・エブラヒミ
【監督・共同脚本・プロデューサー】アリ・アッバシ
【製作】2022 年／デンマーク・ドイツ・スウェーデン・フランス
【Web】https://gaga.ne.jp/seichikumo/
【日本公開】4 /14（金）新宿シネマカリテ、ヒューマントラストシネマ渋谷、
　TOHO シネマズシャンテ他全国順次公開
【配給】ギャガ　【映倫】R-15

聖地の闇に狂気が満ちる──

　マシュハド── 350 万人もの人口を抱え、イラン第二の規模を誇る大都市だ。国内最大の聖地として毎年 2,000 万人以上もの観光客と巡礼者が訪れ、その大半が「シーア派イランの心臓部」と呼ばれるモスク、イマーム・レザー廟への参拝を目的としている。宗教都市として名高いエリアだが、至るところで売春が横行する、暗部を抱える都市でもある。そんな同地で 2001 年、「街を浄化する」という声明のもと、娼婦連続殺人事件が起きる。同じ手口で、街の狭い地域で起きている凶行にもかかわらず、犯人は一向に捕まらない。加えて、「汚れた女たちを聖地から排除している」として犯人を英雄視する空気が生まれる。そんな中、女性ジャーナリストのラヒミは不穏な圧力を感じながらも事件を追い続けるのだが……。

　本作を手掛けるのはイラン出身で、『ボーダー 二つの世界』（2018 年）で注目されたアリ・アッバシ監督。インスピレーション源は実際に同国で起こった連続殺人事件だ。一部から犯人が英雄視され、正当性が議論になったことから、アッバシは事件に関心を抱いた。そして物語の複雑さや様々な立場の主張に光を当てたいとの思いで、作品を作り込んでいったのだ。

　本作の制作過程には興味深い逸話が多い。当初はイランで撮影する予定だったが、撮影許可に関する同国からの返事がなく、ヨルダンのアンマンに変更された。女性蔑視や抑圧された女性たちの現実を浮き彫りにする役割を担う主演のラヒミには、キャスティング・ディレクターとして関わっていたザーラ・アミール・エブラヒミを抜擢。彼女はイランを代表する TV スターだったが、私的な動画が流出したことにより、保守的な同国で活動できなくなっていたという。そんな経歴とリンクするようなラヒミ役にて迫真の演技を見せ、ザーラは第 75 回カンヌ国際映画祭の女優賞を受賞している。

　本作はイラン独自の文化と暗部に触れた作品でありながら、内包するテーマは、私たち日本人にも理解しやすい、普遍的なものだ。「正しさ」とは一体何なのか──観る者の倫理観を激しく揺さぶるような、衝撃的な一作に仕上がっている。

Masters

令和 5 年 4 月号
《第 41 巻 4 号》通巻 498 号
令和 5 年 4 月 1 日発行
定価 1,650 円（本体 1,500 円 + 税 10%）

発行人：中黒 靖

編集人：中黒 靖

企画責任者：松嶌 晋太郎

チーフ記者：
五十嵐 裕太／家郷 大地
鎌倉 光成／伊野 恭平

記者：
川裾 章雄／中島 琉輝
荒田 僚介

編集：
日田 翔太／橋口 侑奈
深澤 晃仁／本荘 吉昭

【発行所】
国際通信社 HD シナジー総研
大阪市西区立売堀 1-7-18 国際通信社ビル
TEL 06-6536-5032（代表）

【発売所】
星雲社（共同出版社・流通責任出版社）
東京都文京区水道 1-3-30
TEL 03-3868-3275

【印刷／製本】
朝日印刷

【表紙写真】
EPA ＝時事

◇ Synergy Souken Co.,Ltd.2023
ISBN 978-4-434-31303-5

編集後記

　最近、我ながら驚くような失敗を色々とやらかしてしまっている。私は大丈夫だろうか。自分でも心配だ。

　例えば、先日友人と出かけた時。ショッピングモールでお手洗いに寄ることになった。そのお手洗いに個室は 2 つ。たまたまどちらも空いていて、私も友人もそれぞれ個室に入った。そしてトイレットペーパーを引き出したところ、ホルダーごと壁から外れてしまった。いや、そんなことある？　一人で笑いながらホルダーを戻し、個室を出た。そしてこの可笑しな出来事を友人にも聞かせたいと思い、ちょうど個室から出てきた友人に手を洗いながら面白おかしく語った。そして鏡越しに反応を見ようと視線を上げると、それは友人ではなかった。赤の他人だった。その時の衝撃をお分かりいただけるだろうか。いつ友人は私より先に個室を出たのだろう？　全く音がしなかったのに。というか、あなたは誰だ。そんな思いが頭を駆け巡っているうちに、その見知らぬ女性は何も言わずお手洗いを出ていった。「すみません、連れと間違えました」と謝罪する隙すら与えてもらえなかった。

　また、こんなこともあった。先日 amazon で本を買おうとサイト内を物色していたところ、amazon が太陽の塔で有名な岡本太〇氏の『自分の中に妻を持て』という本を勧めてきた。自分の中に？　妻を？　どういう意図で？　夫じゃだめなの？　さすが芸術家は尖ったことを言うな。感心したが、どんな内容か想像がつかず、あらすじを読もうと携帯の画面を覗き込んだ。「妻」じゃなかった。「毒」だった。

　皆様にも伝えたい。簡単に自分を信じてはいけない、と。

──────────────

▼学生時代、知らない人から一方的に約束を取り付けられたことがある。見覚えのない番号から留守電が入っていて、「もしもし、○○ちゃーん？明日 12 時に△△の前な〜」と切れた。誰だろう。全く間違いに気づいていない様子だったが、彼女たちは無事に落ち合えたのだろうか。　　　（日）

▼数年前になるが、自転車がなくなったことがあった。開き直って自転車なしの生活を送っていたが、なんと最寄り駅の駐輪場に自分の自転車が。その時、ただ駐輪場に自転車を置き忘れていただけだったと思い出した。数カ月分の駐輪料金は安い自転車なら買えそうな値段だった。　　　（深）